JN014320

キムタツ式

「名スピーチ」リスニング

木村達哉＝著

朝日出版社

音声再生について

●スマホなどでの音声再生には

スマートフォンやタブレットをお持ちの方は、無料の音声再生アプリ「リスニング・トレーナー」をご利用ください。本書の音声データ（MP3）は、p.160に記載のURLから申請することによってご入手いただけますが、その申請の前に、App StoreまたはGoogle Playからアプリを端末にインストールしておくことをお勧めします。

●パソコンでの音声再生には

audiobook.jpをご利用ください。スマホなどの場合同様、音声データの入手にはp.160記載のURLから申請していただくことが必要ですが、申請前に右記のサイトからaudiobook.jpの会員登録（無料）を行っておくことをお勧めします。

https://audiobook.jp/user/register

●音声の種類と表記

本書では、音声のTrack番号の横に、「ジョブズ生声」や「ナレーター音声」といった記載がなされています。
ここで言う ＜生声＞ とは、＜本人の声＞ のことです。「ジョブズ生声」と書かれたTrack番号ではスティーブ・ジョブズ本人のスピーチ音声を、また「オバマ生声」と書かれたTrack番号ではバラク・オバマ本人のスピーチ音声を、臨場感をもって聞くことができます。
一方、「ナレーター音声」と書かれたTrack番号には、スピーチのトランスクリプトをプロのナレーターが読み直した音声が収録されています。決してゆっくり読まれているわけではありませんが、生声よりも聞き取りやすいはずです。また、読者が自分でトランスクリプトの音読練習をする際、お手本やペースメーカーとして活用するのに適しています。
なお、音声の種類が何も記載されていないTrack番号もあります。そこに収録されているのは、やはりプロのナレーターによる英語音声ですが、内容はスピーチではなく、読者への質問などです。それを聞き取り、どう英語で回答するか自分なりに考えてみることで、スピーキングやライティングの練習ができます。巻末の「Answers」には回答例が示されていますので、参考にするとよいでしょう。

Contents

●音声再生について …… 2
●本書の使い方に代えて …… 4

Part 1
スティーブ・ジョブズ
「伝説のスタンフォード大学スピーチ」（抜粋して収録） …… 11
Steve Jobs "Stay Hungry, Stay Foolish"

Part 2
バラク・オバマ
「広島演説」（抜粋して収録） …… 53
Barack Obama "Toward a Moral Awakening"

Part 3
マララ・ユスフザイ
「国連演説」（抜粋して収録） …… 95
Malala Yousafzai "Not Be Silenced"

Part 4
その他の名スピーチ（抜粋して収録） …… 117
Five Other Great Speeches

Answers …… 143

●音声データ・電子書籍版の入手方法 …… 160

本書の使い方に代えて

英語を聞けるように&話せるようになりたい方々へ トレーニング方法を説明します

木村達哉です。このたびは本書をお買い上げくださいまして、本当にありがとうございます。著者としては最後まで挫折をせずに、継続してくださることを、そして英語が聞ける・話せる喜びを少しでも体感してくださることを心から願っています。

英語を読んだり書いたりするのも同様なのですが、私たちが日本語を習得する際も自然と身についてきたわけではありません。それなりにトレーニングが必要です。お父さんやお母さんに言葉を訂正してもらったり、小学校のときに助詞や漢字を習ったり、受験勉強のためにことわざや三字熟語・四字熟語などを夜を徹して覚えたというような人もおられるはず。そういうプロセスを経て、日本語を習得してきたのですね。

英語の場合、学校ではたかだか週に数時間しか教わりませんし、それもほとんどが先生のトークタイム。特にリスニングやスピーキングに関しては、週に数回の授業だけで力をつけることはかなり難しいと言わざるをえません。

ですから、本書の読者の皆さんには、主体的に「聞き取れるようになろう! 話せるようになろう!」という気持ちを大切にしていただきたいのです。海外の人たちと苦もなく英語でコミュニケーションをとっている自分をイメージしながら、以下のトレーニングに励んでくださることを願っています。

2020年9月
木村達哉 拝

リスニングのトレーニング方法

なぜ聞けない？　その原因を分析しよう！

それぞれのユニットに問題を付けておいてこんなことを言うのも変ですが、あれは便宜的に付けただけで、問題を解いただけではまったくリスニング力は上がりません。たとえばスティーブ・ジョブズのスピーチの聴衆は、たまに大笑いしていますよね。あの中にもしも自分が交じっていたら、みんなと同じところで笑えたでしょうか。もしも笑えないとしたら、なんだか悔しい気持ちになりますね。その悔しさを大切にしていただきたいと思います。それがないとなかなか続かないので。

大切なことは、なぜ自分は聞けないのかを分析することです。原因としてはいくつか考えられます（ちなみにYouTubeの「キムタツチャンネル」でけっこう詳しく説明していますので、よかったらご覧ください）。たとえば、そのスピーチの中に自分の知らない表現が入っているとか、バックグラウンドとなる知識がないとか、音の変化や速度の関係で認識できないとか、いろんな原因があるわけですね。それを分析した上で、原因を潰（つぶ）す必要があります。まずは分析です。

原因を分析するためのディクテーション！

そのためには2つの方法があります。ひとつは、音声を聞いて紙に書き取っていくディクテーションです。そしてもうひとつが、シャドーイングした自分の声をICレコーダーやスマホで録音することです。ちゃんと聞き取れなかった箇所は正しく書き取れないし、録音できないので、自分の弱点を突き止めることができます。

本書ではディクテーション用の穴埋めシートを用意しました。これを活用していただいてもいいでしょうし、要らない紙に書き取っていっていただいてもかまいません。大切なのは、音声再生ツールの一時停止ボタンを「意味の切れ目」ごとに頻繁に押したうえで書き取ることです。流しっぱなしでは書き取れないですからね。最初は少しずつ、慣れてくれば1文単位で一時停止ボタンを押して、書き取っていってください。

ディクテーションには、もうひとつの効用が！

リスニングは相手の言っていることがわかれば細部が多少聞き取れなくてもいいのですね。日本語で話しているときに、静かな場所での会話なら別ですが、そうでない場所であれば全部聞こえているわけではなくても、相手の言っていることはわかります。リスニングの目的は相手の言っていることがわかるということです。

細部が多少聞き取れなくてもと言いましたが、でもディクテーションを続けているとかなり細部まで聞き取れるようになってきます。ディクテーションをしっかりと行うことが、英語耳を作るための重要な第一歩なのです。

聞き取れなかった箇所の分析をしよう！

ディクテーションなり録音なりして（全部聞き取れた人はもう次のユニットに進んでいただいてかまわないのですが）、聞き取れなかった箇所をスクリプトを読んで確認します。知らない単語や表現が多くて聞き取れなかったという場合、あまり大きい問題ではありません。知らなかったのですから理解できなくて当然。たとえば日本に来たばかりの外国人で「出会いって一期一会（いちごいちえ）ですね」と言われて理解できる人はかなり少数派でしょう。知らないんだからしょうがないのです。でもそのままにしておくと、また次に同じ表現に出合ったときに困ります。あの時に覚えておけばよかったのにということになりますので、知らなかった単語や表現を覚えてから再度聞き直してみましょう。この「覚える」というのは意味を覚えるのもいいのですが、必ず音を覚えてください。たとえばput outですと「プラウッT」のようになるはずです。決して文字だけで音を覚えないようにしてください。

音読は音を真似る！

知っている単語ばかりの部分が聞き取れなかった場合、音の変化や速度についていけなかった可能性が高いはず。その場合には自分の音への認識を改めたり、速度への適応を図ったりしなければなりません。音源を何度も聞いて自分で声を出しながら音を真似（まね）ることです。通訳者の方々はかなりの回数、音読をされるそうです。僕の授業では20回程度でしょうか。多い生徒は50回ほど音読をすることになります。気をつけるのは、必ず真似るということ。我流で発音していても、聞き取れなかった原因を潰すことができません。

バックトランスレーションで話す力を上げよう！

最終的には、日本語訳を見て元の英語に戻す練習を行います。最初はゆっくりでいいのですが、最後には日本語を見たら元のスピーチと同じ速度で英語に直せるくらいになることを目標に、反復練習しましょう。話す力や書く力が格段に上がります。

スピーキングのトレーニング方法

If you really want to speak English, ...

以前、アメリカ総領事（当時）のパトリック・リネハン氏とお話ししたことがあります。そのときにIf you really want to speak English, speak English in anything.とおっしゃいました。そうか、単にそういうことかと納得し、それ以来ことあるごとに英語で話すことにしています。朝起きてから寝るまで、英語で言えないことがあれば電子辞書やネット辞書で調べながら表現力を増強するようにしています。この習慣を作るだけで、身のまわりのことや習慣的に行っている行為についてはすべて英語で話せるようになります。

クイックレスポンスの習慣を！

拙著『ユメタン』や『ユメジュク』（共にアルク）は英語を話せるようにと考えて作った単語集や表現集で、全国の中学校や高校で使っていただいています。それらの本の最大のテーマはクイックレスポンス。日本語が流れたら0.3秒以内に英語が流れるCDが付いています（あるいはアプリが使えます）。皆さんは「おはようございます」や「さようなら」は即座に英語で言えるはずです。でも「ペットボトルのお茶を3本とお客さん用のおせんべい、近くのコンビニで買ってきてほしい」を即座に言えるでしょうか。脳で考えたことをそのまま英語で出そうと思うと、このクイックレスポンスのトレーニングが必要です。習慣的に使う表現をできるだけたくさん、クイックレスポンスで言えるようにトレーニングしましょう。

多くのコンテンツを英語で言える自分作りを！

本書のスピーキング練習では、極めて個人的な質問（あなたのお父さんとおじいさんについて教えてほしい、など）から社会的な質問（北方領土問題ってどう解決したらいいと思いますか、など）まで、さまざまな質問をあなたに投げかけています。クイックレスポンスで答えられればまったく問題ないのですが、そうでない場合、それらを実際に問われたときに即座に答えられる準備をしましょう。

具体的に言えば、紙に書き出して間違いがないかどうかをチェックし、何度も読み込んで言えるようにすることです。まずはどういう順番でどういうことを言えばいいのかをメモします。相手の問いに対する返事（自分の意見）→その理由→肉付けとなる具体例など、というような順番で話すと論理的な説明になりますね。最終的に「だから自分はこう思ったんだよね」というようなことを加えてもいいかと思います。もし身近に英語のネイティブがいるという幸せな人は、その原稿にミスがないかどうかをチェックしてもらいましょう。

メモや書いた文章を見ないでスピーチの練習を！

本書でしゃべっている人たちの手元にも原稿やメモがあります。しかしほとんどそれには目を向けず、聴衆に対して話しかけています。だからこそ気持ちが伝わる名スピーチになっているのですね。皆さんもそれを真似ましょう。メモや英文の原稿を書いたら、最初は見ながら、徐々に目を前に向けて、最終的には何も見ずに、聞いている人が目の前にいることを意識して話してみてください。本書だけでも31のコンテンツが話せるようになります。終わったら自分でテーマを決めて、話せるコンテンツを増やしていってください。

Part
01

スティーブ・ジョブズ「伝説のスタンフォード大学スピーチ」

Steve Jobs "Stay Hungry, Stay Foolish"

写真：ロイター／アフロ

スティーブ・ジョブズ

1955年、米国サンフランシスコ市生まれ。アップルの共同設立者であり、『トイ・ストーリー』などで知られるピクサー・アニメーション・スタジオの設立者。Macintoshコンピューターや iPhone/iPadなどの革新的機器の開発を主導。そのカリスマ性と、自ら演壇に立っての新機種発表の巧みさから、同時代最高のプレゼンテーターとも評された。2011年10月、すい臓がんのため死亡。

伝説のスタンフォード大学スピーチ

2005年10月29日に、名門スタンフォード大学の卒業生に向けてジョブズ氏が行ったスピーチ。まさに同氏らしい、型破りで感動に満ちたものであったため、"Stay hungry, stay foolish"という締めの言葉とともに伝説化している。

出典：　Part 1収録の生声、トランスクリプトなどは下記の書籍から抜粋、再編集したものです。
[生声CD付き] スティーブ・ジョブズ 伝説のスピーチ&プレゼン
CNN English Express編集部・編（朝日出版社）

Unit 01

スティーブ・ジョブズ「伝説のスタンフォード大学スピーチ」①

Listening

ジョブズ生声 03

● Comprehension Check

Track 03の音声を聞いて、下の問い対する正しい答えを選びなさい。

1. Where is Steve Jobs making this speech?

① At a graduation

② At a reunion

③ At an entrance ceremony

2. According to Jobs, how long did he stay in Reed College as a drop-in?

① For some 6 months

② For some 12 months

③ For some 18 months

● Dictation

Track 03の音声を再度聞いて、空所に1語ずつ入れなさい。

Thank you. I'm ____ ____ ____ ____ you today ____ your commencement ____ one of ____ ____ ____ in the world. ____ ____ ____, I ____ ____ from college, and this is ____ ____ I've ever ____ ____ a college ____.

Today, I ____ ____ ____ you three stories ____ ____ ____. That's it. ____ ____ ____. Just three stories.

The first story is ____ ____ ____ ____.

I ____ ____ ____ Reed College after ____ ____ ____ ____ but then ____ around ____ a drop-in ____ ____ ____ months ____ ____ before I ____ ____. So, ____ ____ ____ ____ out?

ディクテーションをして、どこが聞こえなかったのかをチェックしましょう。何度も繰り返し聞いたり文法的な知識を総動員したりして空所を埋めてください。

● Transcript

Thank you. I'm honored to be with you today for your commencement from one of the finest universities in the world. Truth be told, I never graduated from college, and this is the closest I've ever gotten to a college graduation.

Today, I want to tell you three stories from my life. That's it. No big deal. Just three stories.

The first story is about connecting the dots.

I dropped out of Reed College after the first six months but then stayed around as a drop-in for another 18 months or so before I really quit. So, why did I drop out?

Reading

ナレーター音声 

上記のトランスクリプトをTrack 04の音声に合わせて音読してください。発音と意味がわからない箇所があれば下線を引き、あなたの弱点を可視化しましょう。下の語彙・表現を参考にしてください。

● Vocabulary

□ be honored to do	□ ～するのを光栄に思う
□ commencement	□ 卒業式
□ fine	□ 優良な、素晴らしい
□ truth be told	□ 実を言うと
□ graduate from	□ ～を卒業する
□ get close to	□ ～に近づく
□ graduation	□ 卒業、卒業式
□ tell A B	□ AにBを伝える
□ That's it.	□ ただそれだけだ。
□ no big deal	□ 大したことではない
□ dot	□ 点
□ drop out of	□ ～を中退する、退学する
□ stay around	□ とどまる
□ drop-in	□ モグリの受講者
□ quit	□ 辞める、退学する

● Expressions

■ I'm honored to be with you

感情を表す語句（happyやsadなど）の後ろにto不定詞を置いて、その感情の理由を表すことができる。

■ the closest I've ever gotten to a college graduation

get close toは「～に近づく」。ここでは、そのcloseの最上級the closestが先行詞になり、（that） I've ever以下が修飾している。このように、最上級の場合は形容詞や副詞が関係詞の先行詞になることがある。

●日本語訳

　ありがとうございます。本日は世界最高の大学のひとつで卒業式を迎えられた皆さんとご一緒できて、とても光栄に思っています。実は、私は大学を出ていません。これが私にとっては大学卒業に最も近い経験ということになりますね。

　今日皆さんにお伝えしたいのは、私の人生に基づく３つのお話です。それだけです。大したことではありません。たった３つのお話です。

　最初のお話のテーマは点と点を結ぶことです。

　私はリード大学を最初の半年で中退しましたが、その後も18か月ほどはモグリの学生として大学に居座り、それから実際に退学したのです。だとしたら、私はどうして中退したのでしょう？

●Back-Translation

上の日本語訳を参照し、下の英語の空所を埋めながら音読してください。できない箇所があればトランスクリプトを音読し直して、流ちょうに読めるようになるまで何度も行ってください。

Thank you. I'm ____ ____ ____ ____ you today ____ your ____ ____ one of ____ ____ ____ in the world. ____ ____ ____, I ____ ____ ____ ____, and this is ____ ____ I've ever ____ ____ a ____ ____.

Today, I ____ ____ ____ you three stories ____ ____ ____. ____ ____. ____ ____ ____. ____ three stories.

____ ____ ____ is ____ ____ the ____.

I ____ ____ ____ Reed College ____ ____ ____ ____ ____ but then ____ ____ as a drop-in for ____ 18 months ____ ____ ____ I ____ ____. So, why ____ ____ ____ ____?

完全に意味や構造を理解した文章を何度も音読してバックトランスレーションができるようになることは、英語を話せるようになるための極めて基本的なトレーニングです。

Speaking & Writing

05

Track 05の音声を聞き、尋ねられたことに対して英語で答えてください。Listeningのトレーニングで覚えた表現をできるだけ使って、その表現を脳に刷り込みましょう。

●うまく話せなかった人は、次のステップに従って再トライしましょう。

1. 話すべきことをメモしましょう。

・
・
・
・

2. メモに従って英語スクリプトを書きましょう。

巻末のAnswersに回答例（スクリプト例）がありますので、参考にしてもかまいません。
調べたり参照したり覚えたものを使ったりしながら、自分の力で書きましょう。

3. TRY AGAIN !

尋ねられた問いに対して、もう一度話してください。書いたメモやスクリプトを見ずにトライしてください。流ちょうに、詰まらずに話せるまで何度も反復してください。

結婚式のスピーチやパーティーの乾杯の挨拶など、自己紹介をする場面はかなり多いですよね。I'm honored to be with you today.で始めれば場が和らぎますし、引き締まりますよ。

Unit 02 スティーブ・ジョブズ「伝説のスタンフォード大学スピーチ」②

Listening

● Comprehension Check

Track 06の音声を聞いて、下の問い対する正しい答えを選びなさい。

1. What kind of person was Jobs's biological mother?

① A young graduate student
② A rich lawyer
③ An undergraduate student

2. What did his biological mother strongly hope?

① That Jobs be adopted by college graduates
② That Jobs be a girl
③ That Jobs be raised in a rich family

● Dictation

Track 06の音声を再度聞いて、空所に1語ずつ入れなさい。

It ____ ____ I was born. My ____ ____ was a ____, unwed ____ ____, and she decided to ____ ____ ____ for ____. She____ very ____ that I should ____ ____ by ____ ____, so ____ was ____ ____ for me to ____ ____ ____ ____ by a ____ and his ____, ____ ____ when I popped out, they ____ ____ the ____ ____ that they really ____ ____ ____. So my parents, who were ____ a ____ ____, got ____ ____ in the ____ ____ the ____ ____, "We've ____ an ____ ____ ____. Do you ____ ____?" They said, "Of course."

● Transcript

It started before I was born. My biological mother was a young, unwed graduate student, and she decided to put me up for adoption. She felt very strongly that I should be adopted by college graduates, so everything was all set for me to be adopted at birth by a lawyer and his wife, except that when I popped out, they decided at the last minute that they really wanted a girl. So my parents, who were on a waiting list, got a call in the middle of the night asking, "We've got an unexpected baby boy. Do you want him?" They said, "Of course."

Reading

ナレーター音声 

上記のトランスクリプトをTrack 07の音声に合わせて音読してください。発音と意味がわからない箇所があれば下線を引き、あなたの弱点を可視化しましょう。下の語彙・表現を参考にしてください。

● Vocabulary

□ biological mother	□ 生みの母
□ unwed	□ 未婚の
□ graduate student	□ 大学院生
□ put A up for B	□ AをB用に差し出す
□ adoption	□ 養子、養子縁組
□ be adopted by	□ ～の養子となる
□ college graduate	□ 大卒者
□ be set for A to do	□ Aが～するよう準備が整えられる
□ except that	□ ただし～ではあるが
□ pop out	□ 生まれ出る、飛び出す
□ waiting list	□ 待機者リスト
□ get a call	□ 電話を受ける
□ unexpected	□ 予定外の、予想外の

● Expressions

■ She felt very strongly that I should be adopted by college graduates

very stronglyが動詞と目的節の間に入っている。「that以下で述べられていることを彼女は非常に強く感じていた（こだわっていた）」という意味。

■ my parents, who were on a waiting list, got a call

who以下がmy parentsを説明していることになる。つまり、このmy parentsは「育ての親」であることがわかる。

●日本語訳

始まりは私が生まれるよりも前でした。私の生みの母は、若い未婚の大学院生だったので、私を養子に出そうと決心したのです。彼女がこだわったのは、私の養子先は大卒者でなければということでした。それで、私が生まれたら、ある弁護士夫婦に引き取られるよう準備万端整えられていたのです。ところが、いざ私が生まれたら弁護士夫婦が土壇場で下した判断は、本当に欲しいのは女の子だというものでした。それで養子待ちのリストに載っていた私の両親が真夜中に電話を受け、「こちらに予定外の男の赤ちゃんがいます。希望されますか」と尋ねられたのです。両親の答えは「もちろん」でした。

● Back-Translation

上の日本語訳を参照し、下の英語の空所を埋めながら音読してください。できない箇所があればトランスクリプトを音読し直して、流ちょうに読めるようになるまで何度も行ってください。

It ____ ____ I ____ ____. My ____ ____ was a ____, ____ ____ ____, and she ____ to ____ ____ ____ for ____. She ____ very ____ that I ____ ____ ____ by ____ ____, so ____ was ____ ____ for me to ____ ____ ____ ____ by a ____ and his ____, ____ ____ when I ____ out, they ____ ____ the ____ ____ that they really ____ ____ ____. So my parents, ____ ____ ____ a ____ ____, ____ a ____ in the ____ ____ the ____ ____, “We’ve ____ an ____ ____ ____. Do you ____ ____?” They said, “Of course.”

バックトランスレーションができるようになるまで何度も音読しなければなりません。これを反復することで英語力のみならず、継続力を育むこともできます。継続力が身につけば、他の能力を伸ばすこともできます。この本は挫折せずに最後までぜひ続けてくださいね。

Speaking & Writing

Track 08の音声を聞き、尋ねられたことに対して英語で答えてください。Listeningのトレーニングで覚えた表現をできるだけ使って、その表現を脳に刷り込みましょう。

●うまく話せなかった人は、次のステップに従って再トライしましょう。

1. 話すべきことをメモしましょう。

・
・
・
・

2. メモに従って英語スクリプトを書きましょう。

巻末のAnswersに回答例（スクリプト例）がありますので、参考にしてもかまいません。
調べたり参照したり覚えたものを使ったりしながら、自分の力で書きましょう。

3. TRY AGAIN !

尋ねられた問いに対して、もう一度話してください。書いたメモやスクリプトを見ずにトライしてください。流ちょうに、詰まらずに話せるまで何度も反復してください。

慣れないうちは「僕の父はpartygoerでbig drinkerだったので、母は苦労していました。でも人生の晩年で父が飲めなくなってからはよく2人で仲良く旅行をしていました」などと日本語を作ってから英語に直すことです。

Unit 03 スティーブ・ジョブズ「伝説のスタンフォード大学スピーチ」③

Listening

ジョブズ生声 09

● Comprehension Check

Track 09の音声を聞いて、下の問い対する正しい答えを選びなさい。

1. What kind of college did Steve Jobs choose to enter?

① A very famous college
② An expensive college
③ A no-name collage

2. Why did Jobs decide to drop out of college?

① Because he couldn't afford to pay the fees
② Because he decided to set up a new business
③ Because he couldn't see the value in college education

● Dictation

Track 09の音声を再度聞いて、空所に1語ずつ入れなさい。

And ____ years ____, I ____ ____ to college, but I ____ ____ a college ____ ____ almost ____ ____ ____ Stanford, and ____ ____ my working-class parents' ____ were ____ ____ on my ____ ____ .

After ____ months, I couldn't ____ ____ ____ in it. I had ____ ____ what I wanted to ____ ____ my life and no idea ____ college ____ ____ to ____ me ____ it ____, and here I was, ____ all ____ ____ my parents ____ ____ their ____ ____. So I decided to ____ ____ and ____ that it would all ____ ____ OK.

知らない表現が含まれていたから聞き取れなかったというのは全く問題ないんです。覚えれば聞き取れるようになるからです。問題は、知っている単語や表現ばかりなのに聞き取れなかったという場合です。その箇所を音読しながら真似ながら、自分のものにしていくのです。

● Transcript

And 17 years later, I did go to college, but I naively chose a college that was almost as expensive as Stanford, and all of my working-class parents' savings were being spent on my college tuition.

After six months, I couldn't see the value in it. I had no idea what I wanted to do with my life and no idea how college was going to help me figure it out, and here I was, spending all the money my parents had saved their entire life. So I decided to drop out and trust that it would all work out OK.

Reading

ナレーター音声 10

上記のトランスクリプトをTrack 10の音声に合わせて音読してください。発音と意味がわからない箇所があれば下線を引き、あなたの弱点を可視化しましょう。下の語彙・表現を参考にしてください。

● Vocabulary

□ naively	□ 世間知らずなことに	□ help A do	□ Aが〜するのに役立つ
□ working-class	□ 労働者階級の	□ figure A out	□ Aを考えつく
□ savings	□ 貯金	□ save money	□ 貯金する
□ spend A on B	□ AをBに費やす	□ one's entire life	□ 全生涯をかけて
□ college tuition	□ 大学の授業料	□ drop out	□ 中退する
□ value	□ 価値	□ work out	□ 結局〜のようになる
□ have no idea	□ 全くわからない		

● Expressions

■ I did go to college

I went to collegeに意味は近いが、did goとすることによってwentの意味を強めている。このdoはreallyなどと同じようなニュアンスで用いられる。

■ here I was, spending all the money

here I wasはI was hereと同じ意味だが、hereを主語の前に出してその「状況」を強調した。spendingは分詞構文。「こんな状況に私はいて、すべてのお金を使い切ろうとしていた」という意味になる。

●日本語訳

そして17年後、私は本当に大学に入学しました。しかし世間知らずな私が選んだのは、スタンフォード並みに学費の高い大学だったのです。そのため、労働者階級である両親の蓄えは、私の学費の支払いですべてなくなってしまいそうでした。

6か月後、私は大学に価値を見出せずにいました。自分が人生でやりたいことは何なのか、そしてその答えを見つけるのを大学がどう助けてくれるのか、さっぱりわかりませんでした。それなのに自分はこんな具合で、両親が生涯をかけて貯めたお金をすべて使い切ろうとしていたのです。それで私は中退することに決めましたが、それですべてが上手くいくと信じていました。

● Back-Translation

上の日本語訳を参照し、下の英語の空所を埋めながら音読してください。できない箇所があればトランスクリプトを音読し直して、流ちょうに読めるようになるまで何度も行ってください。

And 17 years ____, I ____ ____ ____ ____, but I ____ ____ a college that was almost ____ ____ ____ Stanford, and ____ ____ my working-class parents' ____ were ____ ____ on my ____ ____.

After six months, I couldn't ____ ____ ____ in it. I had ____ ____ what I wanted to ____ ____ my life and no idea ____ college was going to ____ me ____ it ____, and here I was, ____ all ____ ____ my parents ____ ____ their ____ ____. So I decided to ____ ____ and ____ that it would all ____ ____ OK.

バックトランスレーション、最初は上手くいかなくてイライラするかもしれませんね。僕は5回音読したらバックトランスレーションにトライし、できなかった箇所に×を打ってさらに5回音読してトライ、さらに5回音読してトライを繰り返すことにしています。

Speaking & Writing

Track 11の音声を聞き、尋ねられたことに対して英語で答えてください。Listeningのトレーニングで覚えた表現をできるだけ使って、その表現を脳に刷り込みましょう。

●うまく話せなかった人は、次のステップに従って再トライしましょう。

1. 話すべきことをメモしましょう。

・
・
・
・

2. メモに従って英語スクリプトを書きましょう。

巻末のAnswersに回答例（スクリプト例）がありますので、参考にしてもかまいません。
調べたり参照したり覚えたものを使ったりしながら、自分の力で書きましょう。

3. TRY AGAIN！

尋ねられた問いに対して、もう一度話してください。書いたメモやスクリプトを見ずにトライしてください。流ちょうに、詰まらずに話せるまで何度も反復してください。

こうやって話せることを増やしていくことがスピーキングのトレーニングになります。最終的には自分に関係のあることはすべて英語で説明できるようにしたいものです。

Unit 04
スティーブ・ジョブズ「伝説のスタンフォード大学スピーチ」④

Listening

● Comprehension Check

Track 12の音声を聞いて、下の問い対する正しい答えを選びなさい。

1. According to Jobs, in what field of education was Reed College probably the best in America when he was there?

① Calligraphy

② Computer graphics

③ Arts and crafts

2. Why was it unnecessary for Jobs to take the normal classes?

① Because he had already quit Reed College

② Because he was strongly interested just in typography

③ Because he thought typography was linked to other subjects

● Dictation

Track 12の音声を再度聞いて、空所に1語ずつ入れなさい。

Reed College at that time ____ perhaps the ____ ____ ____ in the country. ____ ____ ____, every ____, every ____ on ____ ____, was ____ hand-calligraphed. Because I ____ ____ ____ and didn't ____ ____ take the ____ ____, I ____ ____ take a ____ ____ to ____ ____ ____ do this. I ____ ____ serif and sans-serif typefaces, ____ ____ the ____ of ____ between ____ ____ ____, about ____ ____ great typography ____. It was ____, ____, artistically ____ in ____ ____ that ____ can't ____, and I ____ it ____.

technical terms（専門用語）が含まれていると聞き取りにくいですよね。でも「これはtechnical termsだな」とわかることって大事なんです。人名や地名も同じで、聞き取れなくても問題はないのですが、これは固有名詞だなとわかることはかなり大事です。

● Transcript

Reed College at that time offered perhaps the best calligraphy instruction in the country. Throughout the campus, every poster, every label on every drawer, was beautifully hand-calligraphed. Because I had dropped out and didn't have to take the normal classes, I decided to take a calligraphy class to learn how to do this. I learned about serif and sans-serif typefaces, about varying the amount of space between different letter combinations, about what makes great typography great. It was beautiful, historical, artistically subtle in a way that science can't capture, and I found it fascinating.

Reading

ナレーター音声 13

上記のトランスクリプトをTrack 13の音声に合わせて音読してください。発音と意味がわからない箇所があれば下線を引き、あなたの弱点を可視化しましょう。下の語彙・表現を参考にしてください。

● Vocabulary

□ offer	□ ～を提供する	□ vary	□ ～を変える
□ calligraphy	□ 書道、カリグラフィー	□ the amount of	□ ～の量、大きさ、総量
□ instruction	□ 教育、教授、指導	□ letter combination	□ 文字の組み合わせ
□ throughout	□ ～のいたるところに	□ typography	□ タイポグラフィー
□ drawer	□ 引き出し	□ artistically subtle	□ 芸術的に繊細な
□ hand-calligraphed	□ 書道式に手書きされた	□ capture	□ ～をとらえる
□ typeface	□ 書体	□ fascinating	□ 魅惑的な、とても面白い

● Expressions

■ I had dropped out and didn't have to take the normal classes

過去完了形が用いられていることから、（それまでに）drop outしていたということがわかる。過去完了はある明確な過去よりもさらに以前のことを表すときに用いられる。

■ in a way that science can't capture

高校で教わる英文法ではin a way SVという形だが、このように関係副詞のthatが用いられることもある。

●日本語訳

当時のリード大学は、おそらく国内最高といえるカリグラフィー教育を提供していました。キャンパスのいたるところが、すなわちポスターのどれもが、戸棚ひとつひとつに貼られたラベルのどれもが、美しいデザインの文字で手書きされていたのです。私はすでに中退していて普通の授業を取る必要はありませんでしたから、カリグラフィーの授業に出て、そのやり方を身につけようと心に決めました。セリフやサンセリフといった書体について学びましたし、いろんな文字の組み合わせに応じて字間スペースを変えるやり方や、素晴らしいタイポグラフィーを素晴らしいものたらしめているのは何かといったことについても学びました。それは美しく、歴史があり、科学がとらえきれないような芸術的繊細さを宿したものでした。私はそれに強く惹かれました。

● Back-Translation

上の日本語訳を参照し、下の英語の空所を埋めながら音読してください。できない箇所があればトランスクリプトを音読し直して、流ちょうに読めるようになるまで何度も行ってください。

Reed College ____ ____ ____ ____ perhaps the ____ ____ ____ in the country. ____ ____ ____, every ____, every ____ on ____ ____, was ____ ____-____. Because I ____ ____ ____ and didn't ____ ____ ____ the ____ ____, I ____ ____ ____ a ____ ____ to ____ ____ ____ do this. I ____ ____ serif and sans-serif typefaces, ____ ____ the ____ of ____ between ____ ____ ____, about ____ ____ ____ typography ____. It was ____, ____, ____ ____ in ____ ____ that ____ ____ ____, and I ____ ____ ____ .

今日は疲れてトレーニングする気力がないなと思ったら、以前行ったバックトランスレーションをやってみることです。初めて行うスクリプトだとけっこうな時間がかかるものですが、以前やったものであれば、忘れていた表現を思い出したりもできるので効果的です。

Speaking & Writing

Track 14の音声を聞き、尋ねられたことに対して英語で答えてください。Listeningのトレーニングで覚えた表現をできるだけ使って、その表現を脳に刷り込みましょう。

●うまく話せなかった人は、次のステップに従って再トライしましょう。

1. 話すべきことをメモしましょう。

・
・
・
・

2. メモに従って英語スクリプトを書きましょう。

巻末のAnswersに回答例（スクリプト例）がありますので、参考にしてもかまいません。
調べたり参照したり覚えたものを使ったりしながら、自分の力で書きましょう。

3. TRY AGAIN !

尋ねられた問いに対して、もう一度話してください。書いたメモやスクリプトを見ずにトライしてください。流ちょうに、詰まらずに話せるまで何度も反復してください。

僕は大学時代に軽音楽、要するにバンド活動をしていました。もっと英語の勉強をしておけばよかったなぁと今になれば思います。遅すぎることはないと信じて、55歳を過ぎても勉強をしています。お互い、頑張りましょう！

Unit 05 スティーブ・ジョブズ「伝説のスタンフォード大学スピーチ」⑤

Listening

ジョブズ生声 15

● Comprehension Check

Track 15の音声を聞いて、下の問い対する正しい答えを選びなさい。

1. According to Jobs, what is impossible for us to do?

① To look forward

② To connect the dots looking backwards

③ To connect the dots in the future

2. In Jobs's view, what is the advantage in believing the dots will connect someday?

① It gives you the confidence to follow your heart.

② It makes you different from other people.

③ It leads you off the well-worn path.

● Dictation

Track 15の音声を再度聞いて、空所に1語ずつ入れなさい。

Again, you can't ____ the ____ ____ ____. You can ____ ____ them ____ ____, so you ____ ____ ____ that the ____ will ____ ____ in ____ ____. You have ____ ____ in something — your ____, ____, ____, ____, ____ — because ____ that the dots will ____ ____ ____ ____ will ____ you the ____ to ____ ____ ____, even when it ____ ____ ____ the well-worn ____, and ____ will ____ all ____ ____.

音は聞こえても意味がわからなければ全体の意味が理解しにくいですよね。次のページの語彙を見ながら、まずは読めるのかをチェックすることが大切です。正しく読めるレベルを作ってから音読トレーニングをしましょう。

● Transcript

Again, you can't connect the dots looking forward. You can only connect them looking backwards, so you have to trust that the dots will somehow connect in your future. You have to trust in something — your gut, destiny, life, karma, whatever — because believing that the dots will connect down the road will give you the confidence to follow your heart, even when it leads you off the well-worn path, and that will make all the difference.

Reading

ナレーター音声 

上のトランスクリプトをTrack 16の音声に合わせて音読してください。発音と意味がわからない箇所があれば下線を引き、あなたの弱点を可視化しましょう。下の語彙・表現を参考にしてください。

● Vocabulary

□ connect	□ ～をつなぐ；つながる	□ down the road	□ 将来いつか、先々
□ look forward	□ 前方を見る	□ confidence	□ 自信、確信
□ look backwards	□ 後方を見る	□ follow one's heart	□ 自分の心に従う
□ trust in	□ ～を信じる	□ lead A off B	□ AをBから離れさせる
□ gut	□ 直感、勘	□ well-worn	□ 月並みな、陳腐な
□ destiny	□ 運命、宿命	□ path	□ 筋道、生き方
□ karma	□ カルマ、因縁	□ make all the difference	□ 大きな違いをもたらす
□ whatever	□ どんなものでも		

● Expressions

■ You can only connect them looking backwards

looking backwardsの部分は分詞構文。「後ろを振り返りながら」という意味になる。

■ believing that the dots will connect down the road will give you the confidence to follow your heart

主語が長いので構造を把握しておきたい。believingからroadまでが主語である。また、the confidence to follow your heartは「自分の心に従うための自信」という意味。

●日本語訳

　もう一度言いますが、将来を見据えて点と点を結ぶということはできません。振り返ることでしか点と点を結ぶことはできないのです。ですから、点と点が将来何らかの形でつながると信じるしかないのです。何かを信じなければならないのです——自分の勘であれ、運命であれ、人生であれ、カルマであれ、なんであれ——なぜなら、点と点が将来いつかはつながると信じることで、自分の心に従うことに自信が持てるようになるからです。たとえそれが人並みの人生街道から外れることにつながるとしても。そして、このことがもたらす違いは大きいのです。

● Back-Translation

上の日本語訳を参照し、下の英語の空所を埋めながら音読してください。できない箇所があればトランスクリプトを音読し直して、流ちょうに読めるようになるまで何度も行ってください。

Again, ____ ____ ____ the ____ ____ ____. You ____ ____ ____ them ____ ____, so you ____ ____ ____ that the ____ will ____ ____ in ____ ____. You ____ ____ ____ ____ ____ —your ____, ____, ____, ____, ____ —because ____ that ____ ____ will ____ ____ ____ ____ will ____ you ____ ____ to ____ ____ ____, even ____ it ____ ____ ____ the ____-____ ____, and ____ will ____ all ____ ____.

初めて聞く英語でトレーニングするのはかなり大変だなと思われる方は、すでに一度聞いたことのあるものや読んだことのあるものを使ってトレーニングしましょう。

Speaking & Writing

Track 17の音声を聞き、尋ねられたことに対して英語で答えてください。Listeningのトレーニングで覚えた表現をできるだけ使って、その表現を脳に刷り込みましょう。

●うまく話せなかった人は、次のステップに従って再トライしましょう。

1. 話すべきことをメモしましょう。

・
・
・
・

2. メモに従って英語スクリプトを書きましょう。

巻末のAnswersに回答例（スクリプト例）がありますので、参考にしてもかまいません。
調べたり参照したり覚えたものを使ったりしながら、自分の力で書きましょう。

3. TRY AGAIN！

尋ねられた問いに対して、もう一度話してください。書いたメモやスクリプトを見ずにトライしてください。流ちょうに、詰まらずに話せるまで何度も反復してください。

僕は28歳から30歳にかけて、父がやっていた小さい会社の倒産によって無一文になりました。借金が6000万円になりました。でも現在の僕のファイティングスピリットは、その当時に培われたものだと思っています。

Unit 06

スティーブ・ジョブズ「伝説のスタンフォード大学スピーチ」⑥

Listening

ジョブズ生声 18

● Comprehension Check

Track 18の音声を聞いて、下の問い対する正しい答えを選びなさい。

1. What kept Jobs going forward?

① His love for what he did

② His fighting spirit

③ His confidence in his career

2. What should you do if you haven't found what you want to do, according to Jobs?

① You should continue to look for it.

② You should look at what you are now.

③ You should look for someone who has found it.

● Dictation

Track 18の音声を再度聞いて、空所に1語ずつ入れなさい。

Sometimes life's ____ to ____ you ____ ____ ____ with ____ ____. Don't lose ____. I'm ____ that ____ ____ thing that ____ me ____ was that I loved ____ ____ ____. You've ____ to find ____ you ____, and that is ____ ____ for ____ as it is for ____ ____. Your ____ is ____ to ____ a ____ ____ of your ____, and the ____ ____ to be ____ satisfied is to do ____ you ____ is ____ ____, and ____ ____ way to do ____ ____ is to love ____ ____ ____. If you ____ ____ it ____, keep ____, and don't ____. As ____ all ____ of the ____, you'll ____ when you ____ ____, and ____ any ____ ____, it just gets ____ and ____ as the years ____ ____. So ____ ____. Don't ____.

ディクテーションが上手くできないとイライラするかもしれないけど、できない人ほど音読の反復回数を増やすことです。英語のリズムを体に染み込ませることで、かなりリスニング力が伸びますよ。

● Transcript

Sometimes life's going to hit you in the head with a brick. Don't lose faith. I'm convinced that the only thing that kept me going was that I loved what I did. You've got to find what you love, and that is as true for work as it is for your lovers. Your work is going to fill a large part of your life, and the only way to be truly satisfied is to do what you believe is great work, and the only way to do great work is to love what you do. If you haven't found it yet, keep looking, and don't settle. As with all matters of the heart, you'll know when you find it, and like any great relationship, it just gets better and better as the years roll on. So keep looking. Don't settle.

Reading

ナレーター音声 

上記のトランスクリプトをTrack 19の音声に合わせて音読してください。発音と意味がわからない箇所があれば下線を引き、あなたの弱点を可視化しましょう。下の語彙・表現を参考にしてください。

● Vocabulary

□ hit A in the head	□ Aの頭を殴る
□ brick	□ れんが
□ faith	□ 信念、確信
□ be convinced that	□ ～だと確信している
□ have got to do	□ ～しなければならない
□ be true for	□ ～にも当てはまる
□ be satisfied	□ 満足する
□ settle	□ 落ち着く、安住する
□ as with	□ ～と同様に、～のように
□ a matter of the heart	□ 心の問題、愛情問題
□ relationship	□ 関係、人間関係
□ roll on	□ (年月が) 過ぎる、経つ

● Expressions

■ life's going to hit you in the head with a brick

hit A in the headは「Aの頭を殴る」。これがkiss A on the cheekだと「Aの頬にキスをする」となる。大事なのは<前置詞+the+場所>となること。ついついlook her in her eyeなどとしないようにしたい。

■ what you believe is great work

基本になる形は<you believe A is great work>。このAが関係代名詞whatとなって前に出ているので、what you believe is great workとなっている。

●日本語訳

時として人生には、れんがで頭を殴られるようなこともあります。それでも信念は失わないでください。私が前に進み続けてこれたのは、ひとえに自分の仕事が好きだったおかげだと確信しています。皆さんも自分は何が好きなのかを知らねばなりません。そしてそれは恋愛においても仕事においても同じように言えることです。仕事がこれからの皆さんの人生の大きな部分を占めるようになるでしょうが、真に満足するための唯一の方法は、素晴らしい仕事だと自分が信じることを行うことです。そして素晴らしい仕事をする唯一の方法は、自分の仕事を愛することです。もしもまだそれを見つけていないのであれば、探し続けてください。そして現状に甘んじないでください。あらゆる心情がそうであるように、それを見つけたときには自分でもわかるものです。そして素晴らしい恋愛関係がいつもそうであるように、それも年を重ねるごとにどんどん良くなっていきます。ですから探し続けてください。現状に甘んじたりしてはいけません。

● Back-Translation

上の日本語訳を参照し、下の英語の空所を埋めながら音読してください。できない箇所があればトランスクリプトを音読し直して、流ちょうに読めるようになるまで何度も行ってください。

Sometimes ____ ____ to ____ you ____ ____ ____ ____ a ____. Don't ____ ____. I'm ____ that ____ ____ ____ that ____ ____ ____ was that I ____ ____ ____ ____. You've ____ to ____ ____ you ____, and that is ____ ____ for ____ ____ it is for ____ ____. Your ____ is ____ to ____ a ____ ____ of your ____, and the ____ ____ to be ____ ____ is to ____ ____ you ____ is ____ ____, and ____ ____ ____ to do ____ ____ is to love ____ ____ ____. If you ____ ____ it ____, ____ ____, and ____ ____. ____ ____ all ____ ____ of the ____, you'll ____ when you ____ ____, and ____ any ____ ____, it just ____ ____ and ____ as ____ ____ ____ ____. So ____ ____. ____ ____.

インプットをする際には丸覚えするのではなく、様々な活動を通じて行いましょう。この冠詞はどういう意味なんだろう、この前置詞はどうして使われているんだろうと考えて、辞書で調べることも活動のひとつ。調べるという「ひと手間」をかけることで頭に刷り込まれます。

Speaking & Writing

Track 20の音声を聞き、尋ねられたことに対して英語で答えてください。Listeningのトレーニングで覚えた表現をできるだけ使って、その表現を脳に刷り込みましょう。

●うまく話せなかった人は、次のステップに従って再トライしましょう。

1. 話すべきことをメモしましょう。

・
・
・
・

2. メモに従って英語スクリプトを書きましょう。

巻末のAnswersに回答例（スクリプト例）がありますので、参考にしてもかまいません。
調べたり参照したり覚えたものを使ったりしながら、自分の力で書きましょう。

3. TRY AGAIN !

尋ねられた問いに対して、もう一度話してください。書いたメモやスクリプトを見ずにトライしてください。流ちょうに、詰まらずに話せるまで何度も反復してください。

僕は時間があれば文章を読んでいるか書いているかどちらかですね。でも現在は絵本作家になりたくて、画用紙に向かっている時間が増えてきました。本当にやりたいことは続きますね。無理すると続かないものです。

Unit 07

スティーブ・ジョブズ「伝説のスタンフォード大学スピーチ」⑦

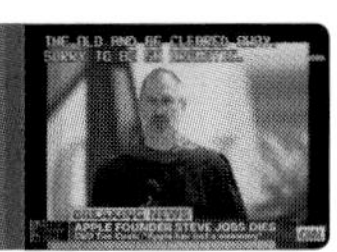

Listening

ジョブズ生声 21

● Comprehension Check

Track 21の音声を聞いて、下の問い対する正しい答えを選びなさい。

1. What kind of message did Jobs read when he was 17?

① The day will certainly come when you will die.

② If you live a happy life, you will easily accept death.

③ You will sometimes feel as if today were your last day.

2. What kind of thing did Jobs ask himself every day?

① Whether he should change himself to do something new

② Whether he should work hard even on his last day

③ Whether he really wanted to do what he was going to do that day

● Dictation

Track 21の音声を再度聞いて、空所に1語ずつ入れなさい。

When ____ ____ 17, I read a ____ that ____ ____ like “If ____ ____ each day ____ ____ it was ____ ____, someday you’ll ____ ____ be ____.” It ____ an ____ ____ me, and since then, for ____ ____ 33 years, I have ____ ____ the ____ every morning and ____ ____, “If ____ ____ the ____ ____ of my life, ____ I ____ ____ do ____ I am ____ ____ do today?” And ____ the ____ has been “no” ____ ____ ____ days ____ ____ ____, I ____ I ____ ____ ____ something.

ディクテーションをする際には一時停止ボタンをうまく使い、意味を確認しながら行うこと。音をしっかり聞くのは言うまでもないけど、ここはこういう意味になるはずだと考えながら行うことが大切です。

● Transcript

When I was 17, I read a quote that went something like "If you live each day as if it was your last, someday you'll most certainly be right." It made an impression on me, and since then, for the past 33 years, I have looked in the mirror every morning and asked myself, "If today were the last day of my life, would I want to do what I am about to do today?" And whenever the answer has been "no" for too many days in a row, I know I need to change something.

Reading

ナレーター音声 

上記のトランスクリプトをTrack 22の音声に合わせて音読してください。発音と意味がわからない箇所があれば下線を引き、あなたの弱点を可視化しましょう。下の語彙・表現を参考にしてください。

● Vocabulary

□ quote	□ 引用文
□ go	□ ～と書いてある
□ as if	□ ～であるかのように
□ certainly	□ 確実に、間違いなく
□ make an impression on	□ ～に感銘を与える
□ since then	□ それ以来、それ以後
□ for A years	□ A年もの間
□ look in	□ ～を覗き込む
□ be about to do	□ 今～しようとしている
□ whenever	□ ～するときはいつでも
□ in a row	□ 連続して、続けて

● Expressions

■ **as if it was your last**

as ifの後には仮定法が用いられることが多い。なぜなら、as ifという接続詞句は「(実際にはそうではないが)あたかもそうであるかように」という意味だから。ここでは「実際には最後の日ではないだろうけれども、あたかもそうであるかのように」という意味なので、be動詞がwasになっている。後出のIf today were...のようにwereにしてもよい。

■ **If today were the last day of my life, would I want to do what I am about to do today?**

ここでも仮定法が用いられている。実際には今日という日は人生最後の日ではない(あるいはその可能性が極めて低い)という前提において「最後の日ならば」と言っているので、仮定法が用いられるのである。仮定法が用いられる場合には、主節の動詞の前にwouldやcouldなどが用いられる。

●日本語訳

17歳のころ、「その日が人生の最後であるかのように毎日を生きれば、いつかその通りになることは間違いない」というような記述が引用されているのを読みました。それに感銘を受けた私は、それから33年間、毎朝鏡をのぞき込んで自問してきました。「もしも今日が人生最後の日だとしたら、今日やろうとしていることをやりたいと思うだろうか」と。その答えが「ノー」の日があまり多く続く場合には、何かを変える必要があるのだと、必ずわかります。

● Back-Translation

上の日本語訳を参照し、下の英語の空所を埋めながら音読してください。できない箇所があればトランスクリプトを音読し直して、流ちょうに読めるようになるまで何度も行ってください。

When ____ ____ 17, I read a ____ ____ ____ ____ ____ “If ____ ____ each day ____ ____ it was ____ ____, someday you'll ____ ____ ____ ____.” It ____ ____ ____ ____ me, and since then, ____ ____ ____ 33 years, I ____ ____ ____ the ____ every morning and ____ ____, “If ____ ____ the ____ ____ of ____ ____, ____ I ____ ____ do ____ I ____ ____ ____ ____ today?” And ____ the ____ ____ ____ “no” ____ ____ ____ days ____ ____ ____, I ____ I ____ ____ ____ something.

今日が人生最後の日だとしたら皆さんは出勤や登校しますか。最後まで仕事や勉強に人生を捧げている感じがして格好いいですね。でも僕は……本を読んだり絵を描いたりしながら、愛犬と一緒にのんびり過ごすように思います。

Speaking & Writing

Track 23の音声を聞き、尋ねられたことに対して英語で答えてください。Listeningのトレーニングで覚えた表現をできるだけ使って、その表現を脳に刷り込みましょう。

●うまく話せなかった人は、次のステップに従って再トライしましょう。

1. 話すべきことをメモしましょう。

・
・
・
・

2. メモに従って英語スクリプトを書きましょう。

巻末のAnswersに回答例（スクリプト例）がありますので、参考にしてもかまいません。
調べたり参照したり覚えたものを使ったりしながら、自分の力で書きましょう。

3. TRY AGAIN !

尋ねられた問いに対して、もう一度話してください。書いたメモやスクリプトを見ずにトライしてください。流ちょうに、詰まらずに話せるまで何度も反復してください。

トレーニングも今日で1週間（7 units）が終わりました。軌道に乗ってきましたか。大切なのは続けることです。続ければ、絶対にリスニングやスピーキングの力はだれでも伸びます。

Unit 08

スティーブ・ジョブズ「伝説のスタンフォード大学スピーチ」⑧

Listening

ジョブズ生声 24

● Comprehension Check

Track 24の音声を聞いて、下の問い対する正しい答えを選びなさい。

1. What does Jobs say about death?

① Everyone wants to go to heaven.

② Not everyone who wants to go to heaven goes there.

③ We all share death as the destination of life.

2. Why is death the single best invention of life, according to Jobs?

① Because death clears the old of troubles

② Because death serves as life's change agent

③ Because death brings new ideas

● Dictation

Track 24の音声を再度聞いて、空所に1語ずつ入れなさい。

No one ____ ____ ____. Even people who ____ ____ ____ ____ heaven don't ____ ____ ____ to ____ ____. And yet, ____ ____ the destination ____ ____ ____. No one has ____ ____ ____. And that is as ____ ____ ____, because death is ____ ____ the ____ ____ ____ of life. It's life's ____ ____; it ____ ____ the old to ____ ____ ____ the new.

be動詞や前置詞などの機能語と呼ばれる語は弱く発音されたり、名詞や動詞などの内容語と接続して音が消えたりすることが多いので、意味や文構造を意識しながらディクテーションを行うことが大切なのです。

● Transcript

No one wants to die. Even people who want to go to heaven don't want to die to get there. And yet, death is the destination we all share. No one has ever escaped it. And that is as it should be, because death is very likely the single best invention of life. It's life's change agent; it clears out the old to make way for the new.

Reading

ナレーター音声 25

上記のトランスクリプトをTrack 25の音声に合わせて音読してください。発音と意味がわからない箇所があれば下線を引き、あなたの弱点を可視化しましょう。下の語彙・表現を参考にしてください。

● Vocabulary

□ heaven	□ 天国
□ get there	□ そこにたどり着く
□ destination	□ 目的地、行き先
□ share	□ ～を共有する
□ escape	□ ～を免れる
□ very likely	□ 十中八九
□ invention	□ 発明
□ agent	□ 行為の担い手
□ clear out	□ ～を一掃する、取り除く
□ make way for	□ ～に道を譲る

● Expressions

■ No one has ever escaped it.

escapeは「～を免れる」という意味。これがescape fromの形になると「～から逃げる」という意味になる。ここでは「死を免れた人間はいない」という意味で使われている。

■ it clears out the old to make way for the new

the oldやthe newのような<the＋形容詞>は形容詞を名詞化する用法で、その形容詞で示されるような人々や（抽象的な）ものを表すことができる。the richだと「豊かな人々、富裕層」、The poor have no leisure.は「貧乏暇なし」。

●日本語訳

だれでも死にたくはありません。たとえ天国に行きたいと思っている人でも、そこへ行くために死にたいとは思いません。しかし、死というものはわれわれ全員共通の終着点なのです。それを免れた者はこれまでだれもいません。そして、それはそうあるべきなのです。なぜなら死はほぼ間違いなく、生命がもたらした唯一にして最高の発明だからです。それは生命の変化の担い手です。古いものを排除し、新しいもののために道を開くのです。

● Back-Translation

上の日本語訳を参照し、下の英語の空所を埋めながら音読してください。できない箇所があればトランスクリプトを音読し直して、流ちょうに読めるようになるまで何度も行ってください。

____ ____ ____ ____ ____. Even ____ ____ ____ ____ ____ ____ heaven don't ____ ____ ____ to ____ ____. And yet, ____ ____ the ____ ____ ____ ____. ____ ____ has ____ ____ ____. And that is ____ ____ ____ ____, because ____ ____ ____ ____ the ____ ____ ____ of life. It's ____ ____ ____; it ____ ____ the old ____ ____ ____ ____ the new.

バックトランスレーションをして頭に刷り込んだら、今度は日本語を見ずに顔を上げ、ジョブズになりきってしゃべってみましょう。そういうことを重ねることによって英語は少しずつですが話せるようになっていきます。

Speaking & Writing

Track 26の音声を聞き、尋ねられたことに対して英語で答えてください。Listeningのトレーニングで覚えた表現をできるだけ使って、その表現を脳に刷り込みましょう。

●うまく話せなかった人は、次のステップに従って再トライしましょう。

1. 話すべきことをメモしましょう。

・
・
・
・

2. メモに従って英語スクリプトを書きましょう。

巻末のAnswersに回答例（スクリプト例）がありますので、参考にしてもかまいません。
調べたり参照したり覚えたものを使ったりしながら、自分の力で書きましょう。

3. TRY AGAIN !

尋ねられた問いに対して、もう一度話してください。書いたメモやスクリプトを見ずにトライしてください。流ちょうに、詰まらずに話せるまで何度も反復してください。

できるだけ今まで覚えた単語や表現を使って話すようにしてください。新しく覚えたものは使わないと脳からデリートされてしまいます。とてももったいないので、覚えたら使うという姿勢を大切にしたいものです。

Unit 09
スティーブ・ジョブズ「伝説のスタンフォード大学スピーチ」⑨

Listening

ジョブズ生声

● Comprehension Check

Track 27の音声を聞いて、下の問い対する正しい答えを選びなさい。

1. What does Jobs mean by being “trapped by dogma”?

① Living by what other people think

② Obeying your intentions too much

③ Pursuing what you want to achieve

2. What does Jobs say is the most important thing?

① To ignore others’ advice

② To have the courage to live up to society’s ideals

③ To follow your heart and intuition

● Dictation

Track 27の音声を再度聞いて、空所に1語ずつ入れなさい。

____ ____ is limited, so don’t ____ ____ living ____ ____ ____. Don’t ____ ____ by dogma, which is ____ ____ the ____ of ____ ____ ____. Don’t ____ the ____ of others’ ____ drown out your ____ ____ ____. And most ____, have the ____ ____ ____ your ____ and ____. They ____ already know ____ ____ truly ____ ____ ____. Everything else ____ ____.

ディクテーションをする前には何度か繰り返して音声を聞くことです。全体の意味をつかんだら、意味や文法を意識しながら音が変化したり消えたりしている語があれば推測することです。

● Transcript

Your time is limited, so don't waste it living someone else's life. Don't be trapped by dogma, which is living with the results of other people's thinking. Don't let the noise of others' opinions drown out your own inner voice. And most important, have the courage to follow your heart and intuition. They somehow already know what you truly want to become. Everything else is secondary.

Reading

ナレーター音声 

上記のトランスクリプトをTrack 28の音声に合わせて音読してください。発音と意味がわからない箇所があれば下線を引き、あなたの弱点を可視化しましょう。下の語彙・表現を参考にしてください。

● Vocabulary

□ limited	□ 限られた、有限な
□ waste	□ ～を無駄にする
□ trap	□ ～をわなにかける
□ dogma	□ 定説
□ result	□ 結果
□ opinion	□ 意見
□ drown out	□ ～をかき消す
□ inner voice	□ 心の声、内なる声
□ courage	□ 勇気
□ intuition	□ 直感
□ somehow	□ どういうわけか
□ secondary	□ 二次的な、重要ではない

● Expressions

■ **Don't be trapped by dogma, which is living with the results of other people's thinking.**

関係代名詞の直前にカンマ（,）がある点に注目。前にある「定説にとらわれること」を指して、それでは他人の思考の結果に従って生きることになると述べているのである。関係代名詞の直前にこのようにカンマを置いて、前の語を説明するだけでなく、内容全体を説明することができる。

■ **Don't let the noise of others' opinions drown out your own inner voice.**

<let+A（名詞 / 名詞句）+動詞の原形>という形で「Aが～するままにしておく、Aが～することを認める」という意味になる。ここでは、Aに当たるのがthe noise of others' opinionsという長い名詞句になっているので注意したい。

●日本語訳

皆さんの時間は限られていますから、他人の人生を生きて時間を無駄にしてはいけません。定説にとらわれないでください。それでは他人の思考の結果に従って生きることになります。他人の意見という雑音によって自分の内なる声がかき消されてしまわないようにしてください。そして最も重要なことですが、自分の心と直感に従う勇気を持ってください。それらはあなたが本当は何になりたいのかを、どういうわけだかすでに知っているのです。それ以外のことはすべて二の次なのです。

● Back-Translation

上の日本語訳を参照し、下の英語の空所を埋めながら音読してください。できない箇所があればトランスクリプトを音読し直して、流ちょうに読めるようになるまで何度も行ってください。

____ ____ is ____, so ____ ____ ____ living ____ ____ ____. Don't ____ ____ by ____, ____ is ____ ____ the ____ ____ ____ ____ ____. Don't ____ the ____ of ____ ____ ____ ____ your ____ ____ ____. And ____ ____, ____ the ____ ____ ____ your ____ and ____. They ____ ____ know ____ ____ truly ____ ____ ____. ____ ____ ____ ____.

これぐらいの長さであれば、バックトランスレーションが1分以内でできるまで反復したいものです。最初はゆっくりでいいのですが、1回できたからといってやめてしまうのではなく、できるだけ速く日本語から英語に直せるまで繰り返しましょう。

Speaking & Writing

Track 29の音声を聞き、尋ねられたことに対して英語で答えてください。Listeningのトレーニングで覚えた表現をできるだけ使って、その表現を脳に刷り込みましょう。

●うまく話せなかった人は、次のステップに従って再トライしましょう。

1. 話すべきことをメモしましょう。

・
・
・
・

2. メモに従って英語スクリプトを書きましょう。

巻末のAnswersに回答例（スクリプト例）がありますので、参考にしてもかまいません。
調べたり参照したり覚えたものを使ったりしながら、自分の力で書きましょう。

3. TRY AGAIN !

尋ねられた問いに対して、もう一度話してください。書いたメモやスクリプトを見ずにトライしてください。流ちょうに、詰まらずに話せるまで何度も反復してください。

僕が他人の価値観に振り回されて悩んでいるのを天国の両親が見たら、きっと悲しむことでしょう。せっかくこうして生まれてきたのですから、自分がどうすれば幸せになれるのかを考えたいものです。

Unit 10

スティーブ・ジョブズ「伝説のスタンフォード大学スピーチ」⑩

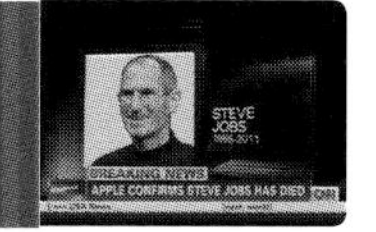

Listening

ジョブズ生声 30

● Comprehension Check

Track 30の音声を聞いて、下の問い対する正しい答えを選びなさい。

1. Where was the farewell message that Jobs saw?

① On the cover of a book Jobs had published

② Beneath a photograph of a country road

③ In a book Jobs read while walking along a country road

2. What does Jobs probably mean by "Stay hungry, stay foolish"?

① Staying in university to keep on learning is a way to develop yourself.

② Be polite to others even though you have graduated from a famous university.

③ It is important to keep on learning and being adventurous.

● Dictation

Track 30の音声を再度聞いて、空所に1語ずつ入れなさい。

____ the ____ ____ of their ____ ____ was ____ ____ of an ____-____ ____ ____, the ____ you ____ ____ ____ hitchhiking ____ if you ____ ____ ____. ____ ____ were ____ ____ "____ ____, ____ ____." It was their ____ ____ as ____ ____ ____. "____ ____, ____ ____." And I ____ ____ ____ ____ for myself. And now, as you ____ ____ ____ ____, I ____ ____ for you. ____ ____, ____ ____. Thank you ____ very much.

ジョブズのこのスピーチにおいては最も有名な箇所です。Stay hungry, stay foolishの意味を理解して、暗唱しておきたいものですね。どんなにすごくなっても、頭を垂れて努力し続ける人間こそ本当のすごみのある人だと思います。

● Transcript

On the back cover of their final issue was a photograph of an early-morning country road, the kind you might find yourself hitchhiking on if you were so adventurous. Beneath it were the words "Stay hungry, stay foolish." It was their farewell message as they signed off. "Stay hungry, stay foolish." And I have always wished that for myself. And now, as you graduate to begin anew, I wish that for you. Stay hungry, stay foolish. Thank you all very much.

Reading

ナレーター音声 

上記のトランスクリプトをTrack 31の音声に合わせて音読してください。発音と意味がわからない箇所があれば下線を引き、あなたの弱点を可視化しましょう。下の語彙・表現を参考にしてください。

● Vocabulary

□ back cover	□ 裏表紙	□ beneath	□ ～の下に
□ final issue	□ (雑誌などの) 最終号	□ farewell message	□ 別れの言葉
□ country road	□ 田舎道	□ sign off	□ 終了する、締めくくる
□ find oneself doing	□ 気がつくと～している	□ wish A for B	□ BのためにAを願う
□ hitchhike	□ ヒッチハイクをする	□ anew	□ 改めて、新たに
□ adventurous	□ 冒険好きな		

● Expressions

■ **an early-morning country road, the kind you might find yourself hitchhiking on**

カンマ (,) の前と後ろは同格で、the kind以下 (いつかヒッチハイクをしてもいいような種類のもの) は直前にあるan early-morning country road (早朝の田舎道) を説明している。このようにある名詞 (句) の後ろにカンマを付け、その名詞 (句) を説明することは英語ではよくある。

■ **Beneath it were the words "Stay hungry, stay foolish."**

主語はthe words以下。ここでは倒置が起こっている。ジョブズがどうしてbeneath it (その写真の下に) を文頭に出したのかというと、主語が長いこと (英語の場合、主語が長い文はあまり好まれないので、主語が長い場合には倒置がよく起こる) と、この文の最後に"Stay hungry, stay foolish."を置くことで、より印象に残るからではないだろうか。

●日本語訳

最終号の裏表紙には、早朝の田舎道の写真が載っていました。非常に冒険好きな人なら、ここでヒッチハイクをしてもおかしくないような田舎道です。写真の下にはこのような言葉が記されていました。「ハングリーであり続けろ、愚か者であり続けろ」。それが、彼らが終刊するにあたっての、別れの言葉でした。「ハングリーであり続けろ、愚か者であり続けろ」。そして私はいつも自分自身がそうありたいと願い続けてきました。そして皆さんが卒業して新たな人生を始められる今、皆さんにそうであってほしいと私は願います。ハングリーであり続けてください。愚か者であり続けてください。ご清聴ありがとうございました。

●Back-Translation

上の日本語訳を参照し、下の英語の空所を埋めながら音読してください。できない箇所があればトランスクリプトを音読し直して、流ちょうに読めるようになるまで何度も行ってください。

____ the ____ ____ of their ____ ____ was ____ ____ ____ an ____-____ ____ ____, the ____ you ____ ____ ____ hitchhiking ____ if you ____ ____ ____. ____ ____ ____ ____ ____ “____ ____, ____ ____.” ____ ____ their ____ ____ as ____ ____ ____. “____ ____, ____ ____.” And I ____ ____ ____ ____ ____ myself. And now, ____ you ____ ____ ____ ____, I ____ ____ ____ you. ____ ____, ____ ____. Thank you ____ very much.

バックトランスレーションに慣れてきましたか。最初はこんな大変なことができてたまるか！と思った人もいたかもしれませんね。でもこれを続けると、英語を話す力がめちゃくちゃ上がります。

Speaking & Writing

Track 32の音声を聞き、尋ねられたことに対して英語で答えてください。Listeningのトレーニングで覚えた表現をできるだけ使って、その表現を脳に刷り込みましょう。

●うまく話せなかった人は、次のステップに従って再トライしましょう。

1. 話すべきことをメモしましょう。

・
・
・
・

2. メモに従って英語スクリプトを書きましょう。

巻末のAnswersに回答例（スクリプト例）がありますので、参考にしてもかまいません。
調べたり参照したり覚えたものを使ったりしながら、自分の力で書きましょう。

3. TRY AGAIN !

尋ねられた問いに対して、もう一度話してください。書いたメモやスクリプトを見ずにトライしてください。流ちょうに、詰まらずに話せるまで何度も反復してください。

僕は野球が好きなので、どうしてもイチロー選手や（若い人たちは知らないだろうけど）王選手がすごいなと思ってしまいます。自分を高めることを楽しんでいるようにも見えます。勉強が楽しめれば最強ですよね。

Part 02

バラク・オバマ「広島演説」

Barack Obama “Toward a Moral Awakening”

Photo : The Asahi Shimbun via Getty Images

バラク・オバマ

第44代米国大統領。1961年、ハワイ州ホノルル市生まれ。弁護士、イリノイ州議会上院議員、連邦上院議員などを経て、2008年の大統領選挙に民主党から出馬して勝利。2009年1月、米国史上初めて大統領に就任した黒人となった。同年4月にプラハで「核なき世界を目指す」という演説を行い、10月にはノーベル平和賞受賞者に。2012年に再選され、2017年1月まで大統領を務めた。

広島演説

2016年5月27日に、広島市の平和記念公園でオバマ氏が行った演説。現職の米国大統領が広島を訪れたのは初めてで、被爆者に歩み寄って言葉を交わし、その体を抱き寄せるオバマ氏の姿は、演説と相まって静かな感動を呼んだ。

出典： Part 2収録の生声、トランスクリプトなどは下記の書籍から抜粋、再編集したものです。
[生声CD&電子書籍版付き] オバマ広島演説
CNN English Express編集部・編（朝日出版社）

Unit 01
バラク・オバマ「広島演説」①

Listening

オバマ生声 34

● Comprehension Check

Track 34の音声を聞いて、下の問い対する正しい答えを選びなさい。

Why do people go to Hiroshima, according to Barack Obama?

① To think about the atomic bomb and its victims

② To wonder about the atomic bomb

③ To get information on what the place is like

④ To learn about the mechanism of how atomic bombs are made

● Dictation

Track 34の音声を再度聞いて、空所に1語ずつ入れなさい。

____-____ years ago, on ____ ____, ____ morning, ____ ____ ____ the sky, and the ____ ____ ____. A ____ of ____ and a ____ of ____ ____ a ____ and ____ that ____ ____ the ____ ____ ____ itself. Why ____ ____ ____ to ____ ____, to Hiroshima? We come to ____ a ____ ____ unleashed ____ ____ not-so-distant ____. We come to ____ the ____, ____ over ____ Japanese men, women and ____, ____ of ____, a ____ ____ held ____. ____ ____ speak to us. They ____ ____ ____ look ____, to ____ ____ ____ who ____ ____ and ____ we ____ ____.

なんど聞いてもわからない箇所に赤い線を引いたりなどして、どこが聞こえなかったのかをチェックしましょう。これ以上は無理！というところまで来たら次のページを開いてください。

● Transcript

Seventy-one years ago, on a bright, cloudless morning, death fell from the sky, and the world was changed. A flash of light and a wall of fire destroyed a city and demonstrated that mankind possessed the means to destroy itself. Why do we come to this place, to Hiroshima? We come to ponder a terrible force unleashed in the not-so-distant past. We come to mourn the dead, including over 100,000 Japanese men, women and children, thousands of Koreans, a dozen Americans held prisoner. Their souls speak to us. They ask us to look inward, to take stock of who we are and what we might become.

Reading

上記のトランスクリプトをTrack 35の音声に合わせて音読してください。発音と意味がわからない箇所があれば下線を引き、あなたの弱点を可視化しましょう。下の語彙・表現を参考にしてください。

● Vocabulary

☐ bright	☐ 明るい、晴れた	☐ unleash	☐ ～を解き放つ
☐ cloudless	☐ 一点の雲もない	☐ not-so-distant	☐ そう遠くない
☐ fall from	☐ ～から落ちる	☐ mourn	☐ ～を悼む、哀悼する
☐ a flash of light	☐ キラッと輝く光	☐ the dead	☐《集合的》死者、死人
☐ destroy	☐ ～を破壊する	☐ a dozen	☐ 1ダースの、十数の
☐ demonstrate that	☐ ～であるとはっきり示す	☐ hold A prisoner	☐ Aを捕虜にしておく
☐ possess	☐ ～を持っている	☐ soul	☐ 魂
☐ means	☐ 手段	☐ look inward	☐ 心の中に目を向ける
☐ ponder	☐ ～について考える	☐ take stock of	☐ ～をじっくり考える

● Expressions

■ **demonstrated that mankind possessed the means to destroy itself**

demonstrateはclearly showのニュアンス。また、meansは単数扱いとなることに注意したい。

■ **They ask us to look inward, to take stock of who we are and what we might become.**

<ask A to do>は「Aに～するよう依頼する」という意味。to look inwardとto take stock of以下は並列関係にある。「心の中に目を向け、～をよく考えるよう求めている」という意味になる。

●日本語訳

71年前、雲ひとつない晴れた朝、死が空から降り、世界が変わりました。閃光(せんこう)と炎の壁が街を破壊し、人類が自らを滅ぼす手段を手にしたことを証明したのです。なぜ私たちはここ、広島を訪れるのでしょうか。私たちは、それほど遠くない過去に解き放たれた恐ろしい力に思いを馳せるために訪れるのです。10万人を超す日本人男性、女性、子どもたち、何千人もの朝鮮半島出身者、十数人の米国人捕虜を含む死者を追悼するために訪れるのです。彼らの魂が私たちに語りかけます。心の中に目を向け、私たちが何者なのか、これからどのような存在になり得るのかをよく考えるように求めているのです。

●Back-Translation

上の日本語訳を参照し、下の英語の空所を埋めながら音読してください。できない箇所があればトランスクリプトを音読し直して、流ちょうに読めるようになるまで何度も行ってください。

Seventy-one years ago, ____ ____ ____, ____ morning, ____ fell ____ ____ ____, and the ____ ____ ____. A ____ of ____ and a ____ of ____ ____ a ____ and ____ that ____ ____ the ____ ____ ____ itself. ____ ____ we ____ ____ ____ ____, to Hiroshima? ____ ____ to ____ a ____ ____ unleashed ____ ____ not-so-distant ____. We ____ to ____ the ____, ____ ____ 100,000 Japanese men, ____ and ____, ____ of ____, a ____ ____ held ____. Their ____ speak ____ ____. They ____ ____ ____ look ____, to ____ ____ ____ who ____ ____ and ____ we ____ ____.

本当に英語が得意になりたいと強く思っている人は、最初はゆっくりで構いませんが、最終的にはオバマと同じスピードで、同じリズムで話せるまで音読を反復しましょう。

Speaking & Writing

Track 36の音声を聞き、尋ねられたことに対して英語で答えてください。Listeningのトレーニングで覚えた表現をできるだけ使って、その表現を脳に刷り込みましょう。

●うまく話せなかった人は、次のステップに従って再トライしましょう。

1. 話すべきことをメモしましょう。

・
・
・
・

2. メモに従って英語スクリプトを書きましょう。

巻末のAnswersに回答例（スクリプト例）がありますので、参考にしてもかまいません。
調べたり参照したり覚えたものを使ったりしながら、自分の力で書きましょう。

3. TRY AGAIN !

尋ねられた問いに対して、もう一度話してください。書いたメモやスクリプトを見ずにトライしてください。流ちょうに、詰まらずに話せるまで何度も反復してください。

どんな人のスピーチにもメモやスクリプトがあるのです。話す力を伸ばしたければ、まず書く力をつけねばなりません。電子辞書やネット辞書を活用して、スクリプトを書きましょう。書いたらそれを見ないで話しましょう。

Unit 02

バラク・オバマ「広島演説」②

Listening

オバマ生声 37

● Comprehension Check

Track 37の音声を聞いて、下の問い対する正しい答えを選びなさい。

What is Obama saying in this part of his speach?

① Human history is filled with conflicts and wars.

② We should not fight against each other.

③ There have been a lot of religious wars in history.

④ It is impossible to forget innocent people in wars.

● Dictation

Track 37の音声を再度聞いて、空所に1語ずつ入れなさい。

____ ____ not the ____ of ____ that ____ Hiroshima ____. Artifacts ____ ____ that ____ conflict ____ ____ the ____ ____ man. Our early ancestors, ____ ____ ____ make blades ____ flint and spears ____ wood, used these tools ____ ____ ____ ____ but ____ ____ ____ ____. On ____ ____, the ____ of ____ is ____ ____ ____, ____ driven by scarcity of ____ or ____ ____ gold, ____ by nationalist ____ or ____ ____. Empires ____ ____ and ____. ____ have been subjugated and ____. And ____ ____ ____, innocents have ____, a ____ toll, their names ____ ____ ____.

語彙の知識や文法の知識を総動員して行うのがディクテーション。これ以上は無理!というところまで来たら次のページを開いてください。

● Transcript

It is not the fact of war that sets Hiroshima apart. Artifacts tell us that violent conflict appeared with the very first man. Our early ancestors, having learned to make blades from flint and spears from wood, used these tools not just for hunting but against their own kind. On every continent, the history of civilization is filled with war, whether driven by scarcity of grain or hunger for gold, compelled by nationalist fervor or religious zeal. Empires have risen and fallen. Peoples have been subjugated and liberated. And at each juncture, innocents have suffered, a countless toll, their names forgotten by time.

Reading

ナレーター音声 38

上記のトランスクリプトをTrack 38の音声に合わせて音読してください。発音と意味がわからない箇所があれば下線を引き、あなたの弱点を可視化しましょう。下の語彙・表現を参考にしてください。

● Vocabulary

□ set A apart	□ Aを際立たせる	□ grain	□ 穀物
□ artifact	□ 人工遺物	□ compel	□ ～を強要する、強いる
□ violent	□ 暴力的な	□ nationalist	□ 国家主義の
□ conflict	□ 紛争、衝突	□ fervor	□ 熱狂、熱烈さ
□ ancestor	□ 祖先	□ zeal	□ 熱意
□ blade	□ 刃物、刃（やいば）	□ subjugate	□ ～を服従させる
□ flint	□ 火打ち石	□ liberate	□ ～を解放する
□ spear	□ 槍（やり）	□ juncture	□ 節目、転換点
□ drive	□ ～を駆り立てる	□ innocent	□ 罪のない人
□ scarcity	□ 不足、欠乏	□ toll	□ 犠牲者数

● Expressions

■ It is not the fact of war that sets Hiroshima apart.

強調構文。ベースになるのはThe fact of war doesn't set Hiroshima apart.という文だが、「そうじゃないんだ」ということを強調するためにnot the fact of warを<It is A that ~>のAの部分に置いた形である。

■ whether driven by scarcity of grain or hunger for gold, compelled by nationalist fervor or religious zeal

分詞構文と考えても、主語+be動詞の省略と考えてもよい。直前にあるwarを意味上の主語ととらえる。

●日本語訳

広島を際立たせるのは戦争という事実ではありません。古代の遺物を見れば、暴力的紛争は人類の歴史が始まった頃からあったことがわかります。火打ち石から刃を、木から槍を作ることを学んだ私たちの大昔の祖先は、これらの道具を狩猟だけでなく、同じ人類に対しても使ったのです。どの大陸においても、文明の歴史は戦争で溢れています。穀物の不足や富への渇望に駆り立てられた戦争もあれば、国家主義の熱狂や宗教的な熱意からやむなく起こった戦争もありました。帝国が台頭しては衰退していきました。民族が服従を強いられたり解放されたりしました。そしてそれぞれの節目で、罪なき人々が苦しみました。犠牲者は数えられないほど多く、その名は時が経つにつれて忘れられていきました。

● Back-Translation

上の日本語訳を参照し、下の英語の空所を埋めながら音読してください。できない箇所があればトランスクリプトを音読し直して、流ちょうに読めるようになるまで何度も行ってください。

____ ____ ____ the ____ of ____ that ____ Hiroshima ____. ____ ____ ____ that ____ conflict ____ ____ the ____ ____ man. Our ____ ____, ____ ____ ____ make blades ____ flint and spears ____ wood, ____ these tools ____ ____ ____ ____ but ____ ____ ____ ____. ____ ____ ____, the ____ of ____ is ____ ____ ____, ____ driven by ____ of ____ or ____ ____ gold, ____ by ____ ____ or ____ ____. Empires ____ ____ and ____. ____ have been ____ and ____. And ____ ____ ____, ____ have ____, a ____ ____, their names ____ ____ ____.

バックトランスレーションが最初からうまくできる人はめったにいません。上達するためには、とにかく何度も何度も音読しましょう。その過程で知らなかった語彙や表現をすべて頭に刷り込んでいきましょう。

Speaking & Writing

Track 39の音声を聞き、尋ねられたことに対して英語で答えてください。Listeningのトレーニングで覚えた表現をできるだけ使って、その表現を脳に刷り込みましょう。

●うまく話せなかった人は、次のステップに従って再トライしましょう。

1. 話すべきことをメモしましょう。

・
・
・
・

2. メモに従って英語スクリプトを書きましょう。

巻末のAnswersに回答例（スクリプト例）がありますので、参考にしてもかまいません。
調べたり参照したり覚えたものを使ったりしながら、自分の力で書きましょう。

3. TRY AGAIN！

尋ねられた問いに対して、もう一度話してください。書いたメモやスクリプトを見ずにトライしてください。流ちょうに、詰まらずに話せるまで何度も反復してください。

北方領土に関してはまったく解決の糸口すら見えなくなりましたね。でも自分なりの意見、自分が首相だったらこうするという意見を書きましょう。書いたらそれを見ないで話しましょう。

Unit 03

バラク・オバマ「広島演説」③

Listening

オバマ生声 40

● Comprehension Check

Track 40の音声を聞いて、下の問い対する正しい答えを選びなさい。

What was the cause of World War II, according to Obama?

① Japan's brutal attitudes
② Wealthy nations' ideas of justice and harmony and truth
③ The instinct for domination or conquest
④ New constraints

● Dictation

Track 40の音声を再度聞いて、空所に1語ずつ入れなさい。

The ____ ____ that ____ its bu…brutal end in Hiroshima and Nagasaki ____ ____ among the ____ and most ____ of ____. Their ____ had given the world ____ ____ and ____ ____. Their ____ had ____ ideas of ____ and ____ and ____. And yet, the war ____ ____ ____ the same ____ ____ for ____ or ____ that had ____ ____ among the ____ ____, an ____ ____ amplified by ____ ____ and without ____ ____. In the ____ of ____ ____ ____, some ____ million people ____ ____ —men, women, children ____ ____ than us, ____, ____, ____, ____, ____, ____, gassed to ____.

一時停止ボタンを意味の切れ目で押しながらディクテーションを行ってください。もうこれ以上は聞き取れないというところまで来たら、次のページを開いてください。

● Transcript

The world war that reached its bu...brutal end in Hiroshima and Nagasaki was fought among the wealthiest and most powerful of nations. Their civilizations had given the world great cities and magnificent art. Their thinkers had advanced ideas of justice and harmony and truth. And yet, the war grew out of the same base instinct for domination or conquest that had caused conflicts among the simplest tribes, an old pattern amplified by new capabilities and without new constraints. In the span of a few years, some 60 million people would die — men, women, children no different than us, shot, beaten, marched, bombed, jailed, starved, gassed to death.

Reading

ナレーター音声 41

上記のトランスクリプトをTrack 41の音声に合わせて音読してください。発音と意味がわからない箇所があれば下線を引き、あなたの弱点を可視化しましょう。下の語彙・表現を参考にしてください。

● Vocabulary

□ brutal	□ 残酷な、野蛮な	□ tribe	□ 部族、種族
□ magnificent	□ 素晴らしい、立派な	□ amplify	□ ～を増幅する、拡大する
□ thinker	□ 思想家	□ capability	□ 能力
□ advance	□ ～を唱える、提唱する	□ constraint	□ 制約、制限
□ grow out of	□ ～から生じる	□ some（+数字）	□ 約、およそ
□ base	□ 卑劣な、卑しい	□ beat	□ ～を殴る
□ instinct	□ 衝動、本能	□ march	□ ～を行進させる
□ domination	□ 支配	□ jail	□ ～を投獄する
□ conquest	□ 征服	□ starve	□ ～を飢えさせる

● Expressions

■ **Their civilizations had given the world great cities and magnificent art. Their thinkers had advanced ideas of justice and harmony and truth.**

過去完了形の文である点に注意。過去完了形は「ある明確な過去の時点よりさらに前のことを表す」ので、ここでは戦争が「明確な過去」で、それよりも前に「give / advanceしていた」と言っている。

●日本語訳

広島と長崎において残酷な結末を迎えた先の世界大戦は、最も豊かで、最も力のある国々の間で戦われました。そうした国々の文明は、世界に偉大な都市や優れた芸術をもたらしていました。そうした国々の思想家らは、正義や調和、真実に関する考えを唱えていました。それにもかかわらず、その大戦は、最も単純な部族間の紛争を引き起こしたのと同じ、支配したいとか征服したいとかいった卑しい衝動から生まれたのです。そういったいつものパターンで繰り広げられたわけですが、そのパターンは新たな制約のないままに、新たな能力によって増幅されたのです。数年の間に約6000万人が亡くなりました。男性、女性、子ども、私たちとなんら変わらない人たちが、撃たれ、殴られ、行進させられ、爆撃され、投獄され、飢えさせられ、ガス室に入れられて死んでいったのです。

●Back-Translation

上の日本語訳を参照し、下の英語の空所を埋めながら音読してください。できない箇所があればトランスクリプトを音読し直して、流ちょうに読めるようになるまで何度も行ってください。

The ____ ____ that ____ its brutal end in Hiroshima and Nagasaki ____ ____ among the ____ and most ____ ____ ____. Their ____ ____ ____ the world ____ ____ and ____ ____. Their ____ had ____ ____ of ____ and ____ and ____. And ____, the war ____ ____ ____ the ____ ____ ____ for ____ or ____ that had ____ ____ among the ____ ____, an ____ ____ ____ by ____ ____ and ____ ____ ____. ____ the ____ of ____ ____ ____, some ____ ____ people ____ ____ —men, women, children ____ ____ than ____, ____, ____, ____, ____, ____, ____, ____ to ____.

このバックトランスレーションを20パッセージぐらいこなせば、以前よりかなり英語力が変わると言う人がいます。僕は20どころではないぐらいやってきましたが、最低でもこの本の全パッセージぐらいはやりたいものです。

Speaking & Writing

Track 42の音声を聞き、尋ねられたことに対して英語で答えてください。Listeningのトレーニングで覚えた表現をできるだけ使って、その表現を脳に刷り込みましょう。

●うまく話せなかった人は、次のステップに従って再トライしましょう。

1. 話すべきことをメモしましょう。

・
・
・
・

2. メモに従って英語スクリプトを書きましょう。

巻末のAnswersに回答例（スクリプト例）がありますので、参考にしてもかまいません。
調べたり参照したり覚えたものを使ったりしながら、自分の力で書きましょう。

3. TRY AGAIN !

尋ねられた問いに対して、もう一度話してください。書いたメモやスクリプトを見ずにトライしてください。流ちょうに、詰まらずに話せるまで何度も反復してください。

大国同士が貿易戦争と呼ばれるような関税の掛け合いを行うなど、ずっと人々は闘い続けているように思います。だれもが平和を願っているのに、どうしてこのようなことになるのか考えてみましょう。

Unit 04

バラク・オバマ「広島演説」④

Listening

オバマ生声 43

Part 2

● Comprehension Check

Track 43の音声を聞いて、下の問い対する正しい答えを選びなさい。

In Obama's view, what gives us the capacity for destruction?

① Our ability to have a good command of a language

② Humanity's core contradiction

③ The spark that marks us as a species

④ Our courage and heroism

● Dictation

Track 43の音声を再度聞いて、空所に1語ずつ入れなさい。

There are ____ ____ around the world ____ ____ this war — ____ that ____ ____ of ____ and ____; graves and ____ ____ that echo of ____ ____. Yet in ____ ____ of a ____ ____ that ____ ____ these skies, we are most starkly ____ ____ humanity's ____ ____, how the ____ ____ that ____ ____ as ____ ____ — our ____, our ____, our ____, our ____ ____, our ____ ____ set ourselves ____ ____ nature and bend it ____ ____ ____ — those very things also ____ ____ the ____ for ____ ____.

意味のかたまりのところで一時停止させながら書いていくんだけど、どうしても音と意味がつながらなければスッパリと諦めて、音読活動に移ったほうがいいですよ。

● Transcript

There are many sites around the world that chronicle this war—memorials that tell stories of courage and heroism; graves and empty camps that echo of unspeakable depravity. Yet in the image of a mushroom cloud that rose into these skies, we are most starkly reminded of humanity's core contradiction, how the very spark that marks us as a species—our thoughts, our imagination, our language, our tool making, our ability to set ourselves apart from nature and bend it to our will—those very things also give us the capacity for unmatched destruction.

Reading

ナレーター音声 

上記のトランスクリプトをTrack 44の音声に合わせて音読してください。発音と意味がわからない箇所があれば下線を引き、あなたの弱点を可視化しましょう。下の語彙・表現を参考にしてください。

● Vocabulary

□ site	□ 場所
□ chronicle	□ ～を歴史にとどめる
□ memorial	□ 記念碑、記念館
□ grave	□ 墓
□ camp	□ 収容所
□ depravity	□ (道徳的な)堕落、腐敗
□ starkly	□ 完全に、はっきりと
□ remind A of B	□ AにBを思い出させる
□ contradiction	□ 矛盾
□ spark	□ 知的なひらめき、才気
□ mark	□ ～を特徴づける
□ species	□ 種
□ bend A to one's will	□ Aを意思に従わせる
□ capacity for	□ ～のための能力
□ unmatched	□ 比類のない
□ destruction	□ 破壊、破滅

● Expressions

■ **humanity's core contradiction, how the very spark that marks us as a species**

カンマ (,) の前後は同格で、「人類の根本的な矛盾、つまり (その矛盾とは) 私たちを人類たらしめている知性」という意味。この文に続くダッシュ (—) とその後のダッシュの間でさらに具体的な例を述べている。

■ **those very things also give us the capacity for unmatched destruction**

those very thingsは2つのダッシュ間で述べられた「the very spark that marks us as a speciesの具体例」を指すので、those very things = the very spark that marks us as a speciesであるとわかる。

●日本語訳

この大戦を歴史にとどめる場所は世界に数多くあります――勇敢さや英雄的行為の物語をつづった記念碑、筆舌に尽くしがたい卑劣な行為を思い起こさせる墓地や廃墟となった収容所です。しかし、この空に立ち上ったキノコ雲の映像を見ると、私たちは人間の中にある根本的な矛盾を最もはっきりと突きつけられます。その矛盾とは、私たちを人類たらしめている知性――つまり私たちの思考や想像力、言語、道具を作る能力、そして私たち人間を自然と区別し、思いのままに自然を扱う力――まさにこういったものが、私たちに比類なき破壊力をもたらしもするのです。

● Back-Translation

上の日本語訳を参照し、下の英語の空所を埋めながら音読してください。できない箇所があればトランスクリプトを音読し直して、流ちょうに読めるようになるまで何度も行ってください。

There are ____ ____ around the world ____ ____ this war — ____ that ____ ____ of ____ and ____; graves and ____ ____ that echo of ____ ____. Yet in ____ ____ of a ____ ____ that ____ ____ these skies, we are most starkly ____ ____ humanity's ____ ____, how the ____ ____ that ____ ____ as ____ ____ — our ____, our ____, our ____, our ____ ____, our ____ ____ set ourselves ____ ____ nature and bend it ____ ____ ____ — those very things also ____ ____ the ____ for ____ ____.

5回や6回の音読ではバックトランスレーションまでたどり着けないのではないでしょうか。僕の授業では、この長さだと15～20回は最低でも音読をし、その後に日本語を英語に直していきます。参考になれば。

Speaking & Writing

Track 45の音声を聞き、尋ねられたことに対して英語で答えてください。Listeningのトレーニングで覚えた表現をできるだけ使って、その表現を脳に刷り込みましょう。

●うまく話せなかった人は、次のステップに従って再トライしましょう。

1. 話すべきことをメモしましょう。

・
・
・
・

2. メモに従って英語スクリプトを書きましょう。

巻末のAnswersに回答例（スクリプト例）がありますので、参考にしてもかまいません。
調べたり参照したり覚えたものを使ったりしながら、自分の力で書きましょう。

3. TRY AGAIN !

尋ねられた問いに対して、もう一度話してください。書いたメモやスクリプトを見ずにトライしてください。流ちょうに、詰まらずに話せるまで何度も反復してください。

現在の広島がどうなっているのか知らない外国人もかなり多いはず。でも、われわれは仮に広島に行ったことがなくても、すっかり復興していることはわかりますので、それを英語で説明すればいいのではないでしょうか。

Unit 05 バラク・オバマ「広島演説」⑤

Listening

● Comprehension Check

Track 46の音声を聞いて、下の問い対する正しい答えを選びなさい。

Choose one of the following as what Obama meant in this part of his speech.

① Scientific progress should be accompanied by a moral revolution.

② Science has been making progress, which is not good for humans.

③ The scientific research that may lead to killing should be called off.

④ Wars today tell us both the positive side and the negative side of science.

● Dictation

Track 46の音声を再度聞いて、空所に1語ずつ入れなさい。

Science ____ ____ ____ communicate ____ ____ ____ and ____ ____ the ____, to ____ ____ and ____ the ____, but those ____ ____ can ____ ____ ____ ever more ____ ____ ____. ____ ____ of the modern age ____ ____ ____ ____. Hiroshima ____ ____ ____ ____. Technological progress ____ ____ ____ ____ in ____ ____ can ____ ____. The scientific revolution that ____ ____ the splitting of ____ ____ requires ____ ____ ____ as well.

知っている単語なのに聞き取れなかったらイライラしますよね。でもそれって意味を知っていただけで、音は知らなかったのかもしれません。謙虚になって音読を重ねましょう。

● Transcript

Science allows us to communicate across the seas and fly above the clouds, to cure disease and understand the cosmos, but those same discoveries can be turned into ever more efficient killing machines. The wars of the modern age teach us this truth. Hiroshima teaches us this truth. Technological progress without an equivalent progress in human institutions can doom us. The scientific revolution that led to the splitting of an atom requires a moral revolution as well.

Reading

ナレーター音声 

上記のトランスクリプトをTrack 47の音声に合わせて音読してください。発音と意味がわからない箇所があれば下線を引き、あなたの弱点を可視化しましょう。下の語彙・表現を参考にしてください。

● Vocabulary

□ allow A to do	□ Aが～できるようにする
□ cure	□ ～を治す
□ disease	□ 病気
□ the cosmos	□ 宇宙
□ be turned into	□ ～に変えられる
□ efficient	□ 効果的な、効率的な
□ the modern age	□ 現代
□ technological	□ 科学技術の
□ progress	□ 進歩、発達
□ equivalent	□ 同じだけの、同等の
□ institution	□ 社会制度
□ doom	□ ～の破滅を決定づける
□ revolution	□ 革命、大改革
□ lead to	□ ～につながる
□ splitting	□ 分裂
□ atom	□ 原子
□ require	□ を必要とする
□ as well	□ ～も (= too)

● Expressions

■ The wars of the modern age teach us this truth. Hiroshima teaches us this truth.

this truth (この真実) というのは、直前にある部分 (科学は私たちの生活におおいに役に立ってはいるが、同時に私たちを殺すこともできるということ) を指している。こういった指示語 (句) が出てきたら、その都度確認しておきたい。

■ Technological progress without an equivalent progress in human institutions can doom us.

テクノロジーだけでなく、institutions (社会制度) における進歩が伴わないと人類を破滅に追いやるという意味。canは「～する可能性がある」という意味。

●日本語訳

科学によって私たちは、海を越えて通信を行い、雲の上を飛行し、病気を治し、宇宙を理解することができるようになりました。しかし、まさにその同じ発見が、さらに効果的な殺戮マシーンに変身させられる可能性もでてきました。現代の戦争は私たちにこの真実を教えています。広島はこの真実を教えてくれているのです。科学技術の進歩は、人間社会の制度においても同じだけの進歩がなければ、人類を破滅に追いやる可能性があります。原子を分裂させるに至った科学的革命は、倫理的革命をも必要とするのです。

● Back-Translation

上の日本語訳を参照し、下の英語の空所を埋めながら音読してください。できない箇所があればトランスクリプトを音読し直して、流ちょうに読めるようになるまで何度も行ってください。

____ ____ ____ ____ communicate ____ ____ ____ and ____ ____ ____ ____, to ____ ____ and ____ the ____, but those ____ ____ can ____ ____ ____ ever ____ ____ ____ ____. ____ ____ of the modern age ____ ____ ____ ____. Hiroshima ____ ____ ____ ____. Technological ____ ____ ____ ____ ____ in ____ ____ can ____ ____. The ____ ____ that ____ ____ the ____ of ____ ____ ____ ____ ____ ____ as ____.

これぐらいの長さだったら日本語を見ずに話せるぐらいまで反復してみましょう。顔を上げて内容を思い出しながら、最初はゆっくりと、慣れてくればナチュラルスピードで話せるまで繰り返しましょう！

Speaking & Writing

Track 48の音声を聞き、尋ねられたことに対して英語で答えてください。Listeningのトレーニングで覚えた表現をできるだけ使って、その表現を脳に刷り込みましょう。

●うまく話せなかった人は、次のステップに従って再トライしましょう。

1. 話すべきことをメモしましょう。

・
・
・
・

2. メモに従って英語スクリプトを書きましょう。

巻末のAnswersに回答例（スクリプト例）がありますので、参考にしてもかまいません。
調べたり参照したり覚えたものを使ったりしながら、自分の力で書きましょう。

3. TRY AGAIN !

尋ねられた問いに対して、もう一度話してください。書いたメモやスクリプトを見ずにトライしてください。流ちょうに、詰まらずに話せるまで何度も反復してください。

平和主義者として有名であったユダヤ人のアインシュタインはドイツ（ナチス）から逃れるためにアメリカに移住していました。その後、日本にアメリカが原爆を落とすことになるなんて夢にも思っていなかったでしょうね。

Unit 06
バラク・オバマ「広島演説」⑥

Listening

オバマ生声 49

● Comprehension Check

Track 49の音声を聞いて、下の問い対する正しい答えを選びなさい。

In Obama's view, why do people go to Hiroshima?

① To force our children to have various experiences

② To feel the atmosphere of Hiroshima today

③ To come up with ways to prevent suffering

④ To imagine the moment the atomic bomb fell

● Dictation

Track 49の音声を再度聞いて、空所に1語ずつ入れなさい。

____ ____ ____ we ____ ____ this place. We ____ ____, in ____ ____ ____ this city, and force ourselves to ____ the ____ the ____ ____. We force ourselves to ____ the ____ of ____ confused by ____ ____ ____. We listen to ____ ____ ____. We remember all ____ ____ ____ across ____ ____ of that ____ ____ and the wars ____ ____ ____ and the wars ____ ____ ____. Mere ____ cannot ____ ____ to ____ ____, but we have ____ ____ ____ to ____ directly ____ the ____ of ____ and ask ____ ____ ____ ____ differently to ____ ____ ____ again.

終戦記念日が近づくと必ず広島を訪れます。10年以上前から続けていて、暑い広島の街を歩くようにしています。広島の8月って、焼けつくような暑さなんです。犠牲になった方々のありし日を体感したくて、夏は広島なのです。

● Transcript

That is why we come to this place. We stand here, in the middle of this city, and force ourselves to imagine the moment the bomb fell. We force ourselves to feel the dread of children confused by what they see. We listen to a silent cry. We remember all the innocents killed across the arc of that terrible war and the wars that came before and the wars that would follow. Mere words cannot give voice to such suffering, but we have a shared responsibility to look directly into the eye of history and ask what we must do differently to curb such suffering again.

Reading

ナレーター音声 50

上記のトランスクリプトをTrack 50の音声に合わせて音読してください。発音と意味がわからない箇所があれば下線を引き、あなたの弱点を可視化しましょう。下の語彙・表現を参考にしてください。

● Vocabulary

□ force oneself to do	□ あえて～する
□ dread	□ 強い恐怖、不安
□ be confused by	□ ～に混乱する
□ arc	□ (一連の出来事の)進展
□ mere	□ ただの、単なる
□ give voice to	□ ～を言葉で表現する
□ suffering	□ 苦しみ、苦痛
□ shared responsibility	□ 共同責任
□ look into the eye of	□ ～の目を見る
□ directly	□ まっすぐに、直接
□ curb	□ ～を防ぐ、阻止する

● Expressions

■ **We stand here, in the middle of this city, and force ourselves to imagine the moment the bomb fell.**

この文以下、現在時制の現在形で動詞が用いられているが、これは現在の状態や動作について述べているのではなく、習慣的行為・不変の真理を述べているのである。The earth travels around the sun.が現在のことを述べているのではなく、「地球は太陽の周りを回っている」という真理を述べているのと同じ。

■ **Mere words cannot give voice to such suffering**

擬人的な表現を使っているが、このようにmereが主語についた否定文では「単に～だけでは…しない」という文脈でよく用いられるので覚えておきたい。Mere discussion will not dispel the sense of mistrust among people.(単に議論を進めるだけでは人々の不信感は払拭されない)のように用いられる。

●日本語訳

だから私たちはこの場所に来るのです。ここに、この街の中心地に立ち、爆弾が落ちた瞬間を想像することを自らに強いるのです。目にした光景に混乱した子どもたちの恐怖を、自ら進んで感じようとするのです。声なき叫びに耳を傾けるのです。私たちはあの一連の凄惨（せいさん）なる戦争と、そしてそれに先立つ戦争や後に続く戦争によってお亡くなりになったすべての罪なき人々を思い起こすのです。ただの言葉ではそうした苦しみを言い表すことができませんが、私たちには歴史を直視し、あのような苦しみの再発を防ぐために、どのようにしてやり方を変えなければならないのかを問う共同責任があります。

● Back-Translation

上の日本語訳を参照し、下の英語の空所を埋めながら音読してください。できない箇所があればトランスクリプトを音読し直して、流ちょうに読めるようになるまで何度も行ってください。

____ ____ ____ we ____ ____ this place. We ____ ____, ____ ____ ____ ____ this
city, and ____ ____ to ____ the ____ the ____ ____. We ____ ____ to ____ the ____ of
____ ____ by ____ ____ ____. We ____ to ____ ____ ____. We ____ all ____ ____ ____
across ____ ____ of that ____ ____ and the wars ____ ____ ____ and the wars ____
____ ____. ____ ____ ____ ____ ____ to ____ ____, but we ____ ____ ____ ____ to
____ directly ____ ____ ____ of ____ and ask ____ ____ ____ ____ differently to ____
____ ____ again.

何回音読すればバックトランスレーションできるようになるかは人によって異なります。僕はだいたい5回1セットで6セットぐらい、休憩しながら行います。だいたいコーヒーを飲みながらリラックスして行っています。

Speaking & Writing

Track 51の音声を聞き、尋ねられたことに対して英語で答えてください。Listeningのトレーニングで覚えた表現をできるだけ使って、その表現を脳に刷り込みましょう。

●うまく話せなかった人は、次のステップに従って再トライしましょう。

1. 話すべきことをメモしましょう。

・
・
・
・

2. メモに従って英語スクリプトを書きましょう。

巻末のAnswersに回答例（スクリプト例）がありますので、参考にしてもかまいません。
調べたり参照したり覚えたものを使ったりしながら、自分の力で書きましょう。

3. TRY AGAIN！

尋ねられた問いに対して、もう一度話してください。書いたメモやスクリプトを見ずにトライしてください。流ちょうに、詰まらずに話せるまで何度も反復してください。

日本人は基本的に勤勉だと思います。でも最近は価値観が変化し、しっかり人生を楽しむべきじゃないのかという考え方が広がり始めているのはいいことではないかと僕は思っています。

Unit 07

バラク・オバマ「広島演説」⑦

● Comprehension Check

Track 52の音声を聞いて、下の問い対する正しい答えを選びなさい。

What does Obama say we must not do?

① We must not forget the incident that happened on August 6th, 1945.

② We must not forget the feelings of all the victims of the atomic bomb.

③ We must not feel satisfied with what we are now.

④ We must not feel satisfied with the present friendship between Japan and the US.

● Dictation

Track 52の音声を再度聞いて、空所に1語ずつ入れなさい。

Someday, ____ ____ of the *hibakusha* will ____ ____ ____ ____ ____ to ____ ____. But the ____ ____ the ____ of August 6th, 1945, ____ ____ ____. That memory ____ ____ ____ ____ complacency. It ____ our ____ ____. It ____ ____ ____ ____. And since ____ ____ ____, we have ____ ____ that ____ ____ ____. The United States and Japan ____ not only ____ ____ but ____ ____ that ____ ____ far more ____ ____ ____ than ____ ____ ever claim ____ ____.

知らない語句が含まれていると、内容が理解しにくいかもしれませんね。それでも知っている語彙の部分から、きっとこういうことを言っているんだろうなと推測しながら聞く姿勢がめちゃくちゃ大事なのです。

● Transcript

Someday, the voices of the *hibakusha* will no longer be with us to bear witness. But the memory of the morning of August 6th, 1945, must never fade. That memory allows us to fight complacency. It fuels our moral imagination. It allows us to change. And since that fateful day, we have made choices that give us hope. The United States and Japan forged not only an alliance but a friendship that has won far more for our people than we could ever claim through war.

Reading

ナレーター音声 

上記のトランスクリプトをTrack 53の音声に合わせて音読してください。発音と意味がわからない箇所があれば下線を引き、あなたの弱点を可視化しましょう。下の語彙・表現を参考にしてください。

● Vocabulary

□ no longer	□ もはや〜ない
□ bear witness	□ 証言する
□ fade	□ 弱まる、薄くなる
□ complacency	□ 現状に満足すること
□ fuel	□ 〜を刺激する、あおる
□ fateful	□ 運命的な
□ make a choice	□ 選択をする
□ forge	□ 〜を築く、構築する
□ alliance	□ 同盟、同盟関係
□ friendship	□ 友情、友好関係
□ win	□ 〜を獲得する、得る
□ far	□ はるかに
□ claim	□ 〜を勝ち取る、奪う

● Expressions

■ **Someday, the voices of the *hibakusha* will no longer be with us to bear witness.**

<to bear witness>はto不定詞の副詞的用法で、be with us（われわれと共にある＝この世に存在する）を修飾している。したがって、will以下は「この世にあって証言するということがなくなる」ということ。

■ **a friendship that has won far more for our people than we could ever claim through war**

that節の構造だが、has won（V）far more（O）となっている。つまり「戦争を通じて獲得できるよりずっと多くのものを国民にもたらした（友情）」という意味。claimは「〜を主張する」という意味ではないことに注意したい。

●日本語訳

いつか証言をする被爆者の声をもはや直接聞くことができなくなる日がやってきます。しかし1945年8月6日の朝の記憶を決して風化させてはなりません。その記憶があれば、現状に甘んじようとする心と闘えるのです。私たちの道義的な想像力がかき立てられ、私たちは変わることができるのです。そしてあの運命の日以来、私たちは希望をもたらす選択をしてきました。アメリカと日本は同盟関係のみならず、友情をも育んできました。その友情は、戦争を通じて獲得できるよりもはるかに多くのものを両国民にもたらしてきました。

● Back-Translation

上の日本語訳を参照し、下の英語の空所を埋めながら音読してください。できない箇所があればトランスクリプトを音読し直して、流ちょうに読めるようになるまで何度も行ってください。

Someday, ____ ____ of the *hibakusha* will ____ ____ ____ ____ ____ to ____ ____. But the ____ ____ the ____ of August 6th, 1945, ____ ____ ____. That memory ____ ____ ____ ____ ____. It ____ ____ ____ ____. It ____ ____ ____ ____. And since ____ ____ ____, we ____ ____ ____ that ____ ____ ____. The United States and Japan ____ not only ____ ____ but ____ ____ that ____ ____ far more ____ ____ ____ than ____ ____ ever ____ ____ ____.

20～30パッセージをバックトランスレーションすると、英語の勉強に関して見える世界が違ってくると言う人もいます。皆さんはこの本をしっかりやることでそのレベルにまで到達できます。何度も読み込みましょう。

Speaking & Writing

Track 54の音声を聞き、尋ねられたことに対して英語で答えてください。Listeningのトレーニングで覚えた表現をできるだけ使って、その表現を脳に刷り込みましょう。

●うまく話せなかった人は、次のステップに従って再トライしましょう。

1. 話すべきことをメモしましょう。

・
・
・
・

2. メモに従って英語スクリプトを書きましょう。

巻末のAnswersに回答例（スクリプト例）がありますので、参考にしてもかまいません。
調べたり参照したり覚えたものを使ったりしながら、自分の力で書きましょう。

3. TRY AGAIN !

尋ねられた問いに対して、もう一度話してください。書いたメモやスクリプトを見ずにトライしてください。流ちょうに、詰まらずに話せるまで何度も反復してください。

日本各地に米軍基地があって、日本人は入ることができません。逆に米軍基地の人たちは自由に日本に入ることができます。オバマさんが使ったfriendshipという言葉に疑問を持つ日本人も、もしかすると多いかもしれませんね。

Unit 08

バラク・オバマ「広島演説」⑧

Listening

オバマ生声 55

● Comprehension Check

Track 55の音声を聞いて、下の問い対する正しい答えを選びなさい。

What does Obama say we must do?

① We must prevent diplomacy.

② We must increase interdependence.

③ We must define our nations.

④ We must change our thinking about war.

● Dictation

Track 55の音声を再度聞いて、空所に1語ずつ入れなさい。

We ____ ____ our ____ about ____ itself, to ____ ____ through ____ and ____ to ____ ____ after ____ ____; to ____ our ____ ____ as ____ ____ ____ peaceful ____ and not ____ ____; to ____ our ____ not ____ ____ ____ to destroy but ____ ____ ____ ____. And perhaps ____ ____, we ____ ____ our ____ to one another ____ members of one ____ ____, for this too is ____ ____ our species ____.

オバマ元大統領の演説も終盤に近づいてきました。細かいところはあとでスクリプトを見るとして、全体としてはどういうことを言っているのかを聞き取ることが大切です。

● Transcript

We must change our mindset about war itself, to prevent conflict through diplomacy and strive to end conflicts after they've begun; to see our growing interdependence as a cause for peaceful cooperation and not violent competition; to define our nations not by our capacity to destroy but by what we build. And perhaps above all, we must reimagine our connection to one another as members of one human race, for this too is what makes our species unique.

Reading

ナレーター音声 

上記のトランスクリプトをTrack 56の音声に合わせて音読してください。発音と意味がわからない箇所があれば下線を引き、あなたの弱点を可視化しましょう。下の語彙・表現を参考にしてください。

● Vocabulary

□ mindset	□ 考え方、ものの見方	□ nation	□ 国家、国
□ prevent	□ ～を防ぐ	□ capacity	□ 能力
□ conflict	□ 紛争、争い	□ above all	□ なかでも、とりわけ
□ diplomacy	□ 外交	□ reimagine	□ ～を考え直す
□ strive to do	□ ～するよう努力する	□ connection	□ つながり
□ interdependence	□ 相互依存	□ one another	□ お互い
□ a cause for	□ ～の動機、理由	□ human race	□ 人類
□ cooperation	□ 協力	□ our species	□ 人類
□ competition	□ 競争	□ unique	□ 類のない、比類のない
□ define	□ ～を定義する		

● Expressions

■ We must change our mindset about war itself

この後、セミコロン(;)で接続されて3つのto不定詞(to prevent / to see / to define)が並列関係にある。これらはすべてWe must change our mindset about war itself(戦争そのものに対する考え方を変えねばならない)ことの目的を表している。

■ not by our capacity to destroy but by what we build

<not A but B>は「AではなくてB」という意味である。それぞれが<by+名詞句>になっているので、「AによってではなくBによって(国々を定義する)」という意味になる。

●日本語訳

私たちは戦争そのものに対する考え方を変えなければいけません。外交を通じて紛争を防ぎ、すでに起きてしまった紛争を終わらせる努力をするために。相互依存の高まりが暴力的な競争の動機になるのではなく、平和的な協力を生み出すものだと考えるために。そして私たちの国々を、破壊する能力によってではなく、何を築き上げるのかによって定義するために。そして、おそらく何にもまして、私たちは同じ人類の一員として、互いの関係を考え直さなくてはなりません。なぜなら、そのことも人類を他に類のない存在にしているからです。

● Back-Translation

上の日本語訳を参照し、下の英語の空所を埋めながら音読してください。できない箇所があればトランスクリプトを音読し直して、流ちょうに読めるようになるまで何度も行ってください。

We ____ ____ our ____ ____ ____ itself, to ____ ____ ____ ____ and ____ ____ ____ ____ after ____ ____; to ____ our ____ ____ as a ____ ____ ____ ____ and ____ ____ ____; to ____ our nations ____ ____ ____ ____ ____ ____ but ____ ____ ____ ____. And perhaps ____ ____, we ____ ____ our ____ ____ ____ ____ as members of ____ ____ ____, for this too is ____ ____ ____ ____ ____.

穴埋めバックトランスレーションができたら、今度は日本語だけを見て英語に直していってください。オバマさんと同じ速度でできるようになるまで反復すれば、極めて高い英語力が身につきます。

Speaking & Writing

Track 57の音声を聞き、尋ねられたことに対して英語で答えてください。Listeningのトレーニングで覚えた表現をできるだけ使って、その表現を脳に刷り込みましょう。

●うまく話せなかった人は、次のステップに従って再トライしましょう。

1. 話すべきことをメモしましょう。

・
・
・
・

2. メモに従って英語スクリプトを書きましょう。

巻末のAnswersに回答例（スクリプト例）がありますので、参考にしてもかまいません。
調べたり参照したり覚えたものを使ったりしながら、自分の力で書きましょう。

3. TRY AGAIN !

尋ねられた問いに対して、もう一度話してください。書いたメモやスクリプトを見ずにトライしてください。流ちょうに、詰まらずに話せるまで何度も反復してください。

文法的に正しい英語を書く（話す）ように心がけましょう。文法ミスが多すぎるとネイティブに聞いてもらえません。確かに最も大切なのは度胸や思い切りですが、正確さも大切です。

Unit 09

バラク・オバマ「広島演説」⑨

Listening

オバマ生声 58

● Comprehension Check

Track 58の音声を聞いて、下の問い対する正しい答えを選びなさい。

What is an ideal to be strived for, according to Obama?

① Seeing all people as being created equal and having unalienable rights

② Looking up to the Creator all the time

③ Pursuing happiness we are given

④ Being true to our individual stories

● Dictation

Track 58の音声を再度聞いて、空所に1語ずつ入れなさい。

My ____ ____ story ____ ____ simple words: All men ____ ____ ____ and ____ ____ our Creator ____ ____ ____ ____, including ____, ____ and the ____ ____ happiness. ____ that ideal ____ ____ ____ ____, even within ____ ____ ____, even ____ ____ ____ ____. But ____ ____ ____ that story is ____ ____ ____. It is ____ ____ to ____ ____ ____, an ideal that ____ ____ ____ and ____ ____.

聞き取れない箇所があっても構いません。何度か聞いてわからなければ、スクリプトを読んで分析しましょう。知らない単語や表現が多いと、何度聞いても理解できないものです。

● Transcript

My own nation's story began with simple words: All men are created equal and endowed by our Creator with certain unalienable rights, including life, liberty and the pursuit of happiness. Realizing that ideal has never been easy, even within our own borders, even among our own citizens. But staying true to that story is worth the effort. It is an ideal to be strived for, an ideal that extends across continents and across oceans.

Reading

ナレーター音声 

上記のトランスクリプトをTrack 59の音声に合わせて音読してください。発音と意味がわからない箇所があれば下線を引き、あなたの弱点を可視化しましょう。下の語彙・表現を参考にしてください。

● Vocabulary

□ begin with	□ ～から始まる
□ be endowed with	□ ～を授けられている
□ Creator	□ 創造主、神
□ certain	□ ある、特定の
□ unalienable rights	□ 不可侵の権利
□ including	□ ～を含めて、～などの
□ liberty	□ 自由
□ pursuit	□ 追求
□ within our borders	□ 国内で、領土内で
□ stay true to	□ ～に忠実であり続ける
□ be worth	□ ～に値する
□ effort	□ 努力
□ strive for	□ ～を求めて努力する
□ extend across	□ ～を超えて広がる
□ continent	□ 大陸

● Expressions

■ Realizing that ideal has never been easy

realizeは直後にthat節を置いて「that以下のことを認識する」という意味で用いられることも多いが、ここでは「that ideal（その理想）を実現する」という意味であり、それが「容易だったことは一度もない」と言っているのである。

■ It is an ideal to be strived for

前置詞forは「Aを求めて」という意味がある。ここではstrive for an ideal（理想を求めて努力する）がベースになっているので、striveが受動態になっている。主語ItはAll men are created equal and endowed by our Creator with certain unalienable rights, including life, liberty and the pursuit of happinessという主張を指している。

●日本語訳

わが国の物語は簡単な言葉から始まりました。つまり「すべての人間は生まれながらにして平等であり、生命、自由、幸福の追求を含めた不可侵の権利を神によって授けられている」というものです。わが国の中においてさえも、わが国の国民同士であってさえも、そうした理想の実現が簡単だったことは決してありませんでした。しかし、その物語に忠実であり続けることは努力に値します。それは努力して求めるべき理想であり、大陸を超え、海を越えて広がる理想なのです。

●Back-Translation

上の日本語訳を参照し、下の英語の空所を埋めながら音読してください。できない箇所があればトランスクリプトを音読し直して、流ちょうに読めるようになるまで何度も行ってください。

My own nation's story ____ ____ ____ ____: All men ____ ____ ____ and ____ by our Creator ____ ____ ____ ____, including ____, ____ and ____ ____ ____ ____. Realizing ____ ____ ____ ____ ____ ____, even ____ ____ ____ ____, even ____ ____ ____ ____. But ____ ____ ____ that story is ____ ____ ____. It is ____ ____ to ____ ____ ____, an ideal ____ ____ ____ ____ and ____ ____.

機械的な音読には意味がないと思うんですね。意味をとり、音を真似、英語が話せるようになるためのトレーニングなのだと認識しながら行うからこそ効果的なのではないでしょうか。

Speaking & Writing

Track 60の音声を聞き、尋ねられたことに対して英語で答えてください。Listeningのトレーニングで覚えた表現をできるだけ使って、その表現を脳に刷り込みましょう。

●うまく話せなかった人は、次のステップに従って再トライしましょう。

1. 話すべきことをメモしましょう。

・
・
・
・

2. メモに従って英語スクリプトを書きましょう。

巻末のAnswersに回答例（スクリプト例）がありますので、参考にしてもかまいません。
調べたり参照したり覚えたものを使ったりしながら、自分の力で書きましょう。

3. TRY AGAIN !

尋ねられた問いに対して、もう一度話してください。書いたメモやスクリプトを見ずにトライしてください。流ちょうに、詰まらずに話せるまで何度も反復してください。

争いや差別のない社会を作るのは不可能だと言う人もいるかもしれませんね。でもだからといって、理想的な社会を作ることを止めてしまうと人間はどうなってしまうのでしょう。

Unit 10

バラク・オバマ「広島演説」⑩

Listening

オバマ生声 61

● Comprehension Check

Track 61の音声を聞いて、下の問い対する正しい答えを選びなさい。

What does Obama say in this part of the speech?

① It may be precious to look back on our past, but at the same time, the future is also important.

② All children have their own future, in which they should cherish their parents' experience.

③ The bombings of Hiroshima and Nagasaki must be remembered as the dawn of atomic warfare.

④ We can make a future in which the bombings of Hiroshima and Nagasaki are known as the beginning of our moral awakening.

● Dictation

Track 61の音声を再度聞いて、空所に1語ずつ入れなさい。

The ____ ____ ____ ____ here, but today, ____ ____ ____ ____ ____ will ____ ____ ____ ____ ____ ____. What a ____ ____ that is! It is ____ ____ and then ____ ____ ____ ____. That is a ____ ____ ____ ____, a future ____ ____ Hiroshima and Nagasaki ____ ____ not as ____ ____ of ____ ____ but as ____ ____ of our ____ ____ ____.

オバマ元大統領のスピーチの最後の部分です。問題を少し難しくしました。一度だけ聞いて答えてもよし、何度も聞いて答えるもよし、自分の英語力に応じて聞く回数を自分なりに決めてくださいね。

● Transcript

> The world was forever changed here, but today, the children of this city will go through their day in peace. What a precious thing that is! It is worth protecting and then extending to every child. That is a future we can choose, a future in which Hiroshima and Nagasaki are known not as the dawn of atomic warfare but as the start of our own moral awakening.

Reading

ナレーター音声 62

上記のトランスクリプトをTrack 62の音声に合わせて音読してください。発音と意味がわからない箇所があれば下線を引き、あなたの弱点を可視化しましょう。下の語彙・表現を参考にしてください。

● Vocabulary

□ forever	□ 永遠に	□ extend A to B	□ AをBに広げる
□ go through one's day	□ 一日を過ごす	□ be known as	□ ～として知られる
□ in peace	□ 平和に、平穏無事に	□ dawn	□ 夜明け、幕開け
□ precious	□ 貴重な、尊い	□ atomic warfare	□ 核戦争
□ be worth doing	□ ～する価値がある	□ moral	□ 道義的な、倫理的な
□ protect	□ ～を守る	□ awakening	□ 目覚め

● Expressions

■ **It is worth protecting and then extending to every child.**

主語Itの内容は(being able to) go through their day in peace (平和な一日を過ごせること) である。<be worth doing>は「～する価値がある」という意味なので、「平和な一日を広島の子どもたちは過ごしているが、それを守り、そしてさらにすべての子どもたちに広げていく」と言っているのである。

■ **a future in which Hiroshima and Nagasaki are known not as the dawn of atomic warfare but as the start of our own moral awakening**

前置詞+関係代名詞は、先行詞を関係代名詞の位置に代入すれば理解しやすいだろう。ここではin the future, Hiroshima and Nagasaki will be known ～ と考えれば「広島と長崎が～として知られる未来」という意味であることがわかりやすいのではないだろうか。後半部分は<not A but B>の形になっているが、これは「AではなくてB」という意味である。

●日本語訳

世界はここ（広島）で永遠に変えられてしまいました。しかし今日、この街の子どもたちは平和に一日を過ごすでしょう。なんと尊いことなのでしょう。平和な毎日は守る価値のあるもの、そしてさらにすべての子どもたちに広げていく価値のあるものです。それは私たちが選ぶことのできる未来であり、広島と長崎が、核戦争の幕開けとしてではなく、私たち自身の道義的目覚めの始まりとして知られる未来なのです。

● **Back-Translation**

上の日本語訳を参照し、下の英語の空所を埋めながら音読してください。できない箇所があればトランスクリプトを音読し直して、流ちょうに読めるようになるまで何度も行ってください。

The world ____ ____ ____ here, but today, ____ ____ ____ ____ ____ will ____ ____ ____ ____ ____ ____. ____ ____ ____ ____ that is! It is ____ ____ and then ____ ____ ____ ____. That is ____ ____ ____ ____ ____, ____ ____ ____ ____ Hiroshima and Nagasaki are known not ____ ____ ____ ____ ____ ____ but ____ ____ ____ ____ ____ ____ ____ ____.

これでオバマ元大統領のスピーチを使ったトレーニングは終わりです。スピーチのかなりの部分を使っていますので、しっかりトレーニングをした人は、内容を具体的に外国人に英語で語れるようになっているはずです。

Speaking & Writing

Track 63の音声を聞き、尋ねられたことに対して英語で答えてください。Listeningのトレーニングで覚えた表現をできるだけ使って、その表現を脳に刷り込みましょう。

●うまく話せなかった人は、次のステップに従って再トライしましょう。

1. 話すべきことをメモしましょう。

-
-
-
-

2. メモに従って英語スクリプトを書きましょう。

巻末のAnswersに回答例（スクリプト例）がありますので、参考にしてもかまいません。
調べたり参照したり覚えたものを使ったりしながら、自分の力で書きましょう。

3. TRY AGAIN !

尋ねられた問いに対して、もう一度話してください。書いたメモやスクリプトを見ずにトライしてください。流ちょうに、詰まらずに話せるまで何度も反復してください。

オバマ元大統領のスピーチは終わり。この本のトレーニングも約7割終了です。次のページからはまた違う演説を使ってトレーニングをしましょう！最後まで頑張って！

Part 03

マララ・ユスフザイ「国連演説」

Malala Yousafzai “Not Be Silenced”

写真：©Plan International ／ Alexandra K. Letelier

マララ・ユスフザイ

1997年、パキスタンのカイバル・パクトゥンクワ州ミンゴラ生まれ。女の子が教育を受ける権利を幼い頃から主張し、抑圧的なタリバンを批判。2012年10月、タリバン兵の銃撃を受けて頭部に重傷を負ったが、奇跡的に一命をとりとめる。2014年10月、史上最年少の17歳でノーベル平和賞受賞者に。世界各地で教育を受ける権利の活動を続けつつオックスフォード大学に進学し、2020年6月に卒業。

国連演説

マララさんの16歳の誕生日である2013年7月12日に、ニューヨークの国連本部で行われた演説。毎年同日をマララ・デーとするという国連の決定を記念したものだが、一語一語に思いを込めた力強い演説は多くの人の心を動かした。

(*) マララさん本人のスクリプトにならい、このスピーチはイギリス英語で表記されています。

出典：　Part 3 収録の生声、トランスクリプトなどは下記の書籍から抜粋、再編集したものです。
[生声CD付き] マララ・ユスフザイ 国連演説＆インタビュー集
CNN English Express 編集部・編（朝日出版社）

Unit 01

マララ・ユスフザイ「国連演説」①

Listening

マララ生声 65

● Comprehension Check

Track 65の音声を聞いて、下の問い対する正しい答えを選びなさい。

What does Malala mean in this part of her speech?

① All of us must fight against terrorists with courage.

② Many people who were weak were killed by the terrorists.

③ She has become all the stronger because the Taliban shot her.

④ The terrorists were afraid they wouldn't change her ambitions.

● Dictation

Track 65の音声を再度聞いて、空所に1語ずつ入れなさい。

Dear friends, ____ ____ ____ of October, 2012, the Taliban ____ ____ on the ____ ____ of ____ ____. They ____ ____ ____ too. They ____ that the bullet[s] ____ ____ ____. But they ____. And ____ ____ ____ ____ came ____ ____ ____. The terrorists ____ that they ____ ____ ____ ____ and ____ ____ ____, but ____ ____ in my life ____ this: ____, ____ and ____ ____; ____, ____ and ____ was born.

● Transcript

Dear friends, on the 9th of October, 2012, the Taliban shot me on the left side of my forehead. They shot my friends too. They thought that the bullet[s] would silence us. But they failed. And out of that silence came thousands of voices. The terrorists thought that they would change my aims and stop my ambitions, but nothing changed in my life except this: weakness, fear and hopelessness died; strength, power and courage was born.

Reading

ナレーター音声 

上記のトランスクリプトをTrack 66の音声に合わせて音読してください。発音と意味がわからない箇所があれば下線を引き、あなたの弱点を可視化しましょう。下の語彙・表現を参考にしてください。

● Vocabulary

□ shoot	□ ～を撃つ
□ forehead	□ 額（ひたい）
□ bullet	□ 銃弾、弾丸
□ silence	□ ～を黙らせる；沈黙
□ fail	□ 失敗する
□ come out of	□ ～から出てくる
□ thousands of	□ 何千もの、無数の
□ aim	□ 目標、狙い
□ ambition	□ 志、野心
□ except	□ ～を除いて、～以外は
□ weakness	□ 弱さ
□ fear	□ 恐怖、怖れ
□ hopelessness	□ 絶望、絶望感
□ strength	□ 強さ
□ power	□ 力
□ courage	□ 勇気
□ be born	□ 生まれる

● Expressions

■ **the Taliban shot me on the left side of my forehead**

人の体の部分を撃つことは、一般に<shoot＋人＋in the＋体の部位>の形を取る。ここで前置詞がinではなくonになっているのは、その目的語が体の部位ではなくleft sideになっているため。

■ **out of that silence came thousands of voices**

倒置構文になっている。thousands of voices came out of that silenceとするよりもthousands of voicesを後ろに置くことによって、聞いている人の耳に「何千もの声」が強く残ることを狙ったのであろう。

■ **strength, power and courage was born**

3つの語が主語になっているので、wasではなくwereとするのが文法的には正しい。

●日本語訳

親愛なる皆さん、2012年10月9日、私はタリバンに額の左側を撃たれました。友達も撃たれました。彼らは銃弾が私たちを黙らせるだろうと考えたのです。しかし彼らの目論見は失敗でした。そうやって黙らせようとしたことが、何千もの声を生み出すことになってしまったのです。テロリストたちが私に目標を変えさせ、私の志を阻止しようと考えたにもかかわらず、私の生き方に変わったことなどなにひとつないのです。このことを除いては。すなわち弱さ、恐怖、絶望が死に絶え、強さ、力、勇気が生まれたのです。

●Back-Translation

上の日本語訳を参照し、下の英語の空所を埋めながら音読してください。できない箇所があればトランスクリプトを音読し直して、流ちょうに読めるようになるまで何度も行ってください。

____ friends, ____ the ____ ____ ____, 2012, the Taliban ____ ____ ____ ____ ____ ____ of my ____. They shot my friends, too. ____ ____ that the bullets ____ ____ ____. But ____ ____. And ____ ____ that silence ____ thousands ____ ____. The terrorists ____ that ____ ____ ____ ____ ____ and ____ ____ ____, but ____ ____ ____ ____ ____ except this: ____, ____ and ____ ____; ____, ____ and ____ were born.

マララさんはnative English speakerではないですが、かなり正確な英語で話していますね。日本では日常的に英語を使わない人が多いので、余計に意識してトレーニングの時間を増やし、彼女みたいに話せるようになりたいものです。

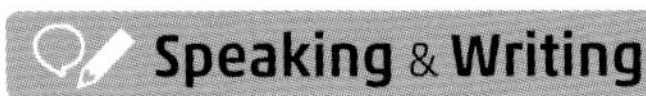

Speaking & Writing

Track 67の音声を聞き、尋ねられたことに対して英語で答えてください。Listeningのトレーニングで覚えた表現をできるだけ使って、その表現を脳に刷り込みましょう。

●うまく話せなかった人は、次のステップに従って再トライしましょう。

1. 話すべきことをメモしましょう。

-
-
-
-

2. メモに従って英語スクリプトを書きましょう。

巻末のAnswersに回答例（スクリプト例）がありますので、参考にしてもかまいません。
調べたり参照したり覚えたものを使ったりしながら、自分の力で書きましょう。

3. TRY AGAIN！

尋ねられた問いに対して、もう一度話してください。書いたメモやスクリプトを見ずにトライしてください。流ちょうに、詰まらずに話せるまで何度も反復してください。

正解がない問いに対して、知識をベースにしてしっかりと自分なりの意見を持つことは大切です。どうしてマララさんは危険を冒してまで、タリバンに立ち向かったのだと思いますか。

Unit 02

マララ・ユスフザイ「国連演説」②

Listening

マララ生声 68

● Comprehension Check

Track 68の音声を聞いて、下の問い対する正しい答えを選びなさい。

Which is true, according to this part of Malala's speech?

① In India, a lot of people have suffered from the horrors of extremism.

② In Nigeria, poor children are victims of child labour.

③ In Afghanistan, many schools have been destroyed.

④ Both men and women face the problem of the deprivation of basic rights.

● Dictation

Track 68の音声を再度聞いて、空所に1語ずつ入れなさい。

____ and ____ are ____ ____ many ____ ____ many ____ of the ____. In India, ____ and ____ ____ are ____ of ____ ____. Many schools ____ ____ ____ in Nigeria. People in Afghanistan ____ ____ ____ by the ____ of ____ ____ ____. Young ____ have to do ____ ____ ____ and are ____ to ____ ____ at [an] early age ____, ____, ____, racism and the ____ of basics...basic ____ are the ____ problem[s] ____ by both men and women.

マララさんは身の回りの物や日常英会話ではなく、専門用語を使ってスピーチしていることがわかりますね。言語はツールだと言われますが、「ではそのツールを使って何を話すのか」が重視されねばなりません。

Part 3

● Transcript

Women and children are suffering in many ways in many parts of the world. In India, innocent and poor children are victims of child labour. Many schools have been destroyed in Nigeria. People in Afghanistan have been affected by the horrors of extremism for decades. Young girls have to do domestic child labour and are forced to get married at [an] early age. Poverty, ignorance, injustice, racism and the deprivation of basics...basic rights are the main problem[s] faced by both men and women.

Reading

ナレーター音声 

上記のトランスクリプトをTrack 69の音声に合わせて音読してください。発音と意味がわからない箇所があれば下線を引き、あなたの弱点を可視化しましょう。下の語彙・表現を参考にしてください。

● Vocabulary

□ suffer	□ 苦しむ	□ horror	□ 惨事、恐ろしい事態
□ innocent	□ 罪のない	□ extremism	□ 過激主義
□ victim	□ 犠牲者、被害者	□ for decades	□ 何十年もの間
□ child labour	□ 児童労働	□ domestic	□ 家庭内の
□ destroy	□ ～を破壊する、壊す	□ be forced to do	□ ～するのを強制される
□ be affected by	□ ～の影響を受ける	□ deprivation	□ 剥奪(はくだつ)、与えないこと

● Expressions

■ **Women and children are suffering in many ways in many parts of the world.**

動詞が現在進行形になっているからといって「一時的なこと」だと思ってはいけない。まさに今こうしている間にも苦しんでいるという意味合いで進行形を使ったのだと思われる。

■ **Young girls have to do domestic child labour and are forced to get married at [an] early age.**

スピーチではearly ageの前の冠詞が発音されていないが、文法的に正しいのは<at an early age>。マララさんはnative English speakerではないので、こういったミスが他にも散見される。おそらくスピーチ原稿には正しい英語で書かれているのであろう。ただし、こういったミスを批判するのではなく、原稿を読まずに堂々と話をしている彼女に賛辞を送りたい。

●日本語訳

女性と子どもたちは世界のさまざまな地域でさまざまな苦しみを味わっています。インドでは罪のない貧しい子どもたちが児童労働の被害者になっています。ナイジェリアではたくさんの学校が破壊されてきました。アフガニスタンの人々は何十年も過激主義がもたらしている惨事に影響を受けてきました。女の子は幼い時から家庭労働を強いられ、若年結婚を強いられます。貧困と無学、不当な扱い、人種差別、基本的権利の剥奪（はくだつ）は男女ともが直面している大きな問題なのです。

● Back-Translation

上の日本語訳を参照し、下の英語の空所を埋めながら音読してください。できない箇所があればトランスクリプトを音読し直して、流ちょうに読めるようになるまで何度も行ってください。

____ and ____ ____ ____ ____ many ____ in ____ ____ of the world. In India, ____ and ____ children are ____ ____ ____ ____. Many schools ____ ____ ____ in Nigeria. People in Afghanistan ____ ____ ____ ____ the ____ ____ ____ for ____. Young girls have to ____ ____ ____ ____ and ____ ____ ____ ____ ____ at an early age. ____, ____, ____, ____ and the ____ of basics ____ are the ____ problems ____ ____ both men and women.

イギリス英語やアメリカ英語だけでなく、いろんな国の人たちが話す英語を使ってトレーニングすることで、リスニング力の幅が広くなりますよね。

Speaking & Writing

Track 70の音声を聞き、尋ねられたことに対して英語で答えてください。Listeningのトレーニングで覚えた表現をできるだけ使って、その表現を脳に刷り込みましょう。

●うまく話せなかった人は、次のステップに従って再トライしましょう。

1. 話すべきことをメモしましょう。

-
-
-
-

2. メモに従って英語スクリプトを書きましょう。

巻末のAnswersに回答例（スクリプト例）がありますので、参考にしてもかまいません。
調べたり参照したり覚えたものを使ったりしながら、自分の力で書きましょう。

3. TRY AGAIN !

尋ねられた問いに対して、もう一度話してください。書いたメモやスクリプトを見ずにトライしてください。流ちょうに、詰まらずに話せるまで何度も反復してください。

話すときはメモから目を離し、多くの人たちの前で演説しているつもりで行うことです。普段しゃべるときに手にメモを持っていることはありません。普段どおりに話そうとしてください。

Unit 03

マララ・ユスフザイ「国連演説」③

Listening

● Comprehension Check

Track 71の音声を聞いて、下の問い対する正しい答えを選びなさい。

What is Malala saying in this part of her speech?

① When women are discriminated against, the whole society cannot go well.

② Even developing countries have the right to succeed.

③ We have to support all the children in developed countries.

④ Women should make more efforts to obtain freedom and equality.

● Dictation

Track 71の音声を再度聞いて、空所に1語ずつ入れなさい。

We ____ ____ the ____ ____ to ____ the ____ of ____ ____ for girls in ____ ____ ____. We ____ ____ all the communities ____ ____ ____; ____ ____ ____ based on caste, ____, ____, colour, ____ or ____; ____ ____ ____ and ____ for women so that ____ ____ ____. We ____ ____ ____ when half of us ____ ____ ____.

知らなかった表現が含まれている箇所は、音として聞き取れたとしても意味は理解できないはずです。次のページのスクリプトを熟読し、意味を取ったうえで音読しましょう。

● Transcript

We call upon the developed nations to support the expansion of education opportunities for girls in the developing world. We call upon all the communities to be tolerant; to reject prejudice based on caste, creed, sect, colour, religion or gender; to ensure freedom and equality for women so that they can flourish. We cannot all succeed when half of us are held back.

Reading

上記のトランスクリプトをTrack 72の音声に合わせて音読してください。発音と意味がわからない箇所があれば下線を引き、あなたの弱点を可視化しましょう。下の語彙・表現を参考にしてください。

● Vocabulary

□ call upon A to do	□ Aに〜するよう求める
□ developed nation	□ 先進国
□ expansion	□ 拡大
□ education opportunity	□ 教育機会
□ the developing world	□ 発展途上地域
□ community	□ 地域社会、共同体
□ tolerant	□ 寛容な、寛大な
□ reject	□ 〜を拒否する
□ prejudice	□ 偏見、先入観
□ based on	□ 〜に基づいた
□ caste	□ カースト（制度）
□ creed	□ 信条
□ sect	□ 宗派
□ ensure	□ 〜を保証する
□ flourish	□ 活躍する、繁栄する
□ hold back	□ 〜を抑圧する、抑え込む

● Expressions

■ We call upon all the communities to be tolerant; to reject prejudice based on caste

<call upon A to do>は<ask A to do>とほとんど同じ意味。ここではto doの部分がセミコロン（;）以下で並列されていることに注意。また、prejudiceをbased on（〜に基づいた）以下が修飾している。

■ ensure freedom and equality for women so that they can flourish

<so that S can V>は「Sが〜できるように」と目的を表す表現。このtheyがwomenを指しているのは文脈上明らかなので、「女性が活躍できるように女性に自由と平等を保障する」という意味になる。

●日本語訳

私たちは先進諸国に対し、発展途上地域における女子の教育機会の拡大を支援するように求めます。私たちはあらゆるコミュニティーに対して、寛容であるように、カースト・信条・宗派・肌の色・宗教・性別に基づいた偏見を退けるように、女性に自由と平等を保障して女性が活躍できる状態にするように、求めます。私たちの半数が抑圧されていては、私たち全体が成功することはあり得ません。

● Back-Translation

上の日本語訳を参照し、下の英語の空所を埋めながら音読してください。できない箇所があればトランスクリプトを音読し直して、流ちょうに読めるようになるまで何度も行ってください。

We ____ ____ the ____ ____ to ____ the ____ of ____ ____ ____ ____ in the ____ world. We ____ ____ all the communities ____ ____ ____; to ____ ____ ____ ____ caste, ____, ____, ____, ____ ____ ____; to ____ ____ ____ ____ for women ____ ____ ____ ____ ____. We cannot ____ ____ when ____ ____ ____ ____ ____ ____.

バックトランスレーションができるようになるには、相当な読み込みが必要になるはずです。だんだん飽きてくるという人もいるはずですので、5回1セットにして、時間を空けながら行うのもいいと思います。

Speaking & Writing

Track 73の音声を聞き、尋ねられたことに対して英語で答えてください。Listeningのトレーニングで覚えた表現をできるだけ使って、その表現を脳に刷り込みましょう。

●うまく話せなかった人は、次のステップに従って再トライしましょう。

1. 話すべきことをメモしましょう。

・
・
・
・

2. メモに従って英語スクリプトを書きましょう。

巻末のAnswersに回答例（スクリプト例）がありますので、参考にしてもかまいません。
調べたり参照したり覚えたものを使ったりしながら、自分の力で書きましょう。

3. TRY AGAIN !

尋ねられた問いに対して、もう一度話してください。書いたメモやスクリプトを見ずにトライしてください。流ちょうに、詰まらずに話せるまで何度も反復してください。

即座に英語で答えられない場合、ゆっくりでいいので、まずは日本語で答えてみてください。日本語でも答えられない場合、話すプロセスを書き出して整理してみることです。

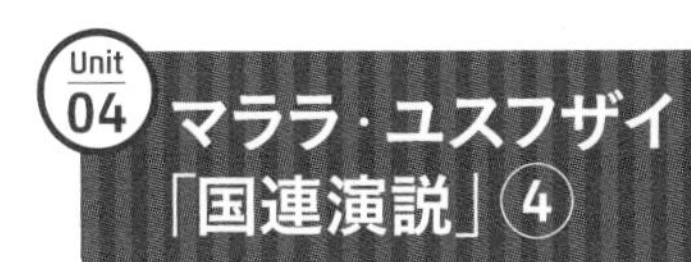

Unit 04 マララ・ユスフザイ「国連演説」④

Listening

マララ生声

● Comprehension Check

Track 74の音声を聞いて、下の問い対する正しい答えを選びなさい。

What does Malala say she wants for every child's bright future?

① Peace and rights
② Schools and education
③ Education and power
④ Words and togetherness

● Dictation

Track 74の音声を再度聞いて、空所に1語ずつ入れなさい。

Dear brothers and sisters, we ____ ____ and ____ for ____ ____ ____ ____. We will ____ ____ ____ to our ____ ____ ____ ____ ____. ____ ____ ____ stop us. We will ____ ____ ____ our rights, and we will ____ ____ ____ our voice. We ____ ____ the ____ and the ____ ____ ____ ____. Our words can ____ ____ ____ ____, because we ____ ____ ____, ____ for the ____ of ____. And if we want to ____ ____ ____, then ____ ____ ____ ourselves ____ the ____ of ____, and ____ ____ ____ ourselves ____ ____ and ____.

①〜④のどれもが正解に思えるのですが、正確に聞けばここでマララさんが結局なにを一番欲しているのかがわかるはずです。彼女は何を求めて国連でスピーチをしているのでしょうか。それはこのスピーチの最後に強調されることになります。

● Transcript

Dear brothers and sisters, we want schools and education for every child's bright future. We will continue our journey to our destination of peace and education. No one can stop us. We will speak up for our rights, and we will bring change through our voice. We believe in the power and the strength of our words. Our words can change the whole world, because we are all together, united for the cause of education. And if we want to achieve our goal, then let us empower ourselves with the weapon of knowledge, and let us shield ourselves with unity and togetherness.

Reading

ナレーター音声 75

上記のトランスクリプトをTrack 75の音声に合わせて音読してください。発音と意味がわからない箇所があれば下線を引き、あなたの弱点を可視化しましょう。下の語彙・表現を参考にしてください。

● Vocabulary

□ destination	□ 目的地
□ speak up for	□ ～を求めて声をあげる
□ united	□ 結束した、団結した
□ cause	□ 大義、目的
□ achieve one's goal	□ 目標を達成する
□ empower	□ ～に力を与える
□ weapon	□ 武器
□ knowledge	□ 知識
□ shield	□ ～を守る、保護する
□ unity	□ 団結、結束
□ togetherness	□ 連帯（感）

● Expressions

■ we are all together, united for the cause of education

we are united for the cause of educationにall togetherが挿入された形だと考えてもいいだろうし、unitedが分詞構文で「一体となり、団結している」と考えてもいいだろう。

■ let us empower ourselves with the weapon of knowledge

「Aを使って」を表現する場合、後ろに道具を表す語句がくるときにはwithを使うことが多い。ここでは「知識という武器を使って自分たちを高めましょう」と言っているのである。なお、後ろにくる名詞次第で他の前置詞が使われることもあるので調べておきたい。

●日本語訳

親愛なる兄弟姉妹の皆さん、すべての子どもの明るい未来のために、私たちは学校と教育を求めています。平和と教育という目的地に向かう私たちの旅はこれからも続きます。私たちを止めることはだれにもできません。私たちは権利を求める声をあげ、やがて声を通して変化をもたらすつもりです。私たちは言葉の力と強さを信じているのです。私たちの言葉は世界全体を変えることができます。なぜなら私たちみんなが教育という大義の下に一致団結しているからです。そして私たちが目標を達成したいと思うのなら、知識という武器で自分たちの力を高めましょう。そして団結と連帯によって自分たちを守りましょう。

●Back-Translation

上の日本語訳を参照し、下の英語の空所を埋めながら音読してください。できない箇所があればトランスクリプトを音読し直して、流ちょうに読めるようになるまで何度も行ってください。

Dear brothers and sisters, we ____ ____ ____ ____ for ____ ____ ____ ____. We ____ ____ ____ ____ to our ____ ____ ____ ____ ____. ____ ____ ____ stop us. We will ____ ____ ____ ____ ____, and we will ____ ____ ____ ____ ____. We ____ ____ the ____ and the ____ of ____ ____. Our words ____ ____ ____ ____ ____, because we ____ ____ ____, ____ ____ the ____ of education. And if we want to ____ ____ ____, then ____ ____ ____ ____ ____ the ____ ____ ____, and ____ ____ ____ ____ ____ ____ and ____.

音読を何度も行うことによって、聞く力も話す力も書く力も伸びてきます。冠詞や前置詞の意味など、こまごました語法や文法まで理解したうえで行いましょう。

Speaking & Writing

76

Track 76の音声を聞き、尋ねられたことに対して英語で答えてください。Listeningのトレーニングで覚えた表現をできるだけ使って、その表現を脳に刷り込みましょう。

●うまく話せなかった人は、次のステップに従って再トライしましょう。

1. 話すべきことをメモしましょう。

・

・

・

・

2. メモに従って英語スクリプトを書きましょう。

巻末のAnswersに回答例（スクリプト例）がありますので、参考にしてもかまいません。
調べたり参照したり覚えたものを使ったりしながら、自分の力で書きましょう。

3. TRY AGAIN !

尋ねられた問いに対して、もう一度話してください。書いたメモやスクリプトを見ずにトライしてください。流ちょうに、詰まらずに話せるまで何度も反復してください。

日本各地の高校をまわっていると、多くの高校生に「どうして勉強するのですか」と聞かれます。「学ぶ理由は人によって違う。君がどういう人生を生きるかによる」と答えることにしています。

Unit 05 マララ・ユスフザイ「国連演説」⑤

Listening

マララ生声 77

● Comprehension Check

Track 77の音声を聞いて、下の問い対する正しい答えを選びなさい。

What does Malala suggest we do?

① Make a global effort to end illiteracy, poverty and terrorism

② Give a pen and a book to every child all over the world

③ Promote globalization, which leads to children's bright future

④ Forget about terrorism and focus on a peaceful life

● Dictation

Track 77の音声を再度聞いて、空所に1語ずつ入れなさい。

We ____ ____ ____ that our sisters and brothers ____ ____ ____ a bright, ____ ____. So ____ ____ ____ ...so ____ ____ ____ a global ____ ____ illiteracy, ____ and terrorism. ____ ____ ____ ____ ... ____ ____ ____ ____ our ____ and our ____. They are our ____ ____ ____. One ____, one ____, one ____ and one ____ can ____ ____ ____. ____ is ____ ____ ____. ____ ____. Thank you.

マララさんのスピーチの最後の部分、そして最も有名な部分です。彼女の気持ちやこのスピーチの意義を理解し、空で言えるようにしたいですね。有名なスピーチのコアとなる部分を覚える習慣を身につけることは素敵なことです。

Part 3

● Transcript

We must not forget that our sisters and brothers are waiting for a bright, peaceful future. So let us wage...so let us wage a global struggle against illiteracy, poverty and terrorism. Let us pick up...let us pick up our books and our pens. They are our most powerful weapons. One child, one teacher, one book and one pen can change the world. Education is the only solution. Education first. Thank you.

Reading

ナレーター音声 78

上記のトランスクリプトをTrack 78の音声に合わせて音読してください。発音と意味がわからない箇所があれば下線を引き、あなたの弱点を可視化しましょう。下の語彙・表現を参考にしてください。

● Vocabulary

□ must not do	□ ～してはならない	□ struggle against	□ ～との闘い
□ forget that	□ ～ということを忘れる	□ illiteracy	□ 非識字
□ wait for	□ ～を待つ	□ poverty	□ 貧困
□ wage	□ (闘いなどを) 行う	□ pick up	□ ～を手に取る
□ global	□ 世界規模の、全世界の	□ solution	□ 解決策、解決法

● Expressions

■ let us wage a global struggle against illiteracy, poverty and terrorism

<let us＋動詞の原形>は「私たちが～することを認めてください」という意味にも、let'sの短縮形を取った「～しましょう」という意味にもなるが、文脈上ここでは後者である。また、wageは「賃金」という名詞として覚えることが多いが、「(戦争などを) 行う、遂行する」という意味の動詞として使われるので覚えておきたい。

■ Education first.

firstは「最初の」という意味でよく用いられるが、「最も大切な」という意味があることも覚えておきたい。The first thing in mastering a foreign language is to speak anything in the language.の場合だと「外国語をマスターするために最も大切なのはその言語で何でも話すことである」という意味になる。

●日本語訳

少年少女たちが明るく平和な未来を待ち望んでいることを私たちは忘れてはいけません。ですから、非識字や貧困やテロとの闘いを世界中で行いましょう。本とペンを手に取りましょう。それらは私たちの最も強力な武器なのです。ひとりの子ども、ひとりの先生、1冊の本、1本のペンが世界を変え得るのです。教育こそが唯一の解決策です。教育が最も大切です。ありがとうございました。

Part 3

● Back-Translation

上の日本語訳を参照し、下の英語の空所を埋めながら音読してください。できない箇所があればトランスクリプトを音読し直して、流ちょうに読めるようになるまで何度も行ってください。

We ____ ____ ____ ____ our sisters and brothers ____ ____ ____ a ____, ____ ____. So let us ____ a ____ ____ ____ ____, ____ and ____. Let us ____ ____ our books and our pens. They are ____ ____ ____ ____. One child, one teacher, one book and one pen ____ ____ ____ ____. ____ ____ ____ ____ ____. ____ ____. Thank you.

僕はジョブズやオバマ、マララなどのスピーチを何度も読んで暗唱してきましたが、かなり英語を話す力が上がったことを実感しています。本人になりきってスムーズにスピーチをしてみましょう！

Speaking & Writing

Track 79の音声を聞き、尋ねられたことに対して英語で答えてください。Listeningのトレーニングで覚えた表現をできるだけ使って、その表現を脳に刷り込みましょう。

●うまく話せなかった人は、次のステップに従って再トライしましょう。

1. 話すべきことをメモしましょう。

・
・
・
・

2. メモに従って英語スクリプトを書きましょう。

巻末のAnswersに回答例（スクリプト例）がありますので、参考にしてもかまいません。
調べたり参照したり覚えたものを使ったりしながら、自分の力で書きましょう。

3. TRY AGAIN !

尋ねられた問いに対して、もう一度話してください。書いたメモやスクリプトを見ずにトライしてください。流ちょうに、詰まらずに話せるまで何度も反復してください。

この国連本部で教育の重要性を説くスピーチを行ったとき、彼女は（日本の教育制度に当てはめれば）高校1年生でした。スピーチの内容が素晴らしいのは言うまでもないのですが、ノンネイティブのマララさんが行ったスピーチ、英語力という点でも注目すべきではないでしょうか。

Part
04

その他の名スピーチ

Five Other Great Speeches

写真：(左) ロイター／アフロ　(中央と右) AP／アフロ

バラク・オバマ

2004年民主党大会基調演説／大統領選勝利演説(1期目)

2004年民主党大会基調演説(Keynote Address at the 2004 DNC)は2008年7月27日にマサチューセッツ州ボストンで行われたもので、無名だったオバマ氏が一躍全米の注目を集めるきっかけとなったとされる。感動のあまり、「おお神よ、これは歴史に残る演説です」とつぶやいて涙を流す聴衆もあったといわれている。

オバマ氏の1期目の大統領選勝利演説(Victory Speech)は2008年11月4日に同氏の地元イリノイ州シカゴで行われた。キング牧師が「私には夢がある」と演説してから45年を経て黒人大統領が誕生することの意味を、集まった20万人を超える支持者のみならず、全国民と分かち合おうとするものだった。

ジョン・F・ケネディ

大統領就任演説／大統領とメディア

ジョン・F・ケネディ(John F. Kennedy)は第35代米国大統領。1917年、マサチューセッツ州ブルックライン生まれ。1960年に民主党候補として大統領選挙に出馬し、史上最年少の当選者となった。1961年1月に43歳で就任式を迎え、史上初のカトリック教徒の大統領に。キューバ危機の回避、アポロ計画の推進、新公民権法案の提示など新しい時代を開く動きを見せて国民の期待を集めたが、任期を1年以上残した1963年11月にテキサス州ダラスで暗殺された。前駐日米国大使のキャロライン・ケネディ氏は長女。

ケネディ大統領の就任演説(Inaugural Address)は1961年1月20日に首都ワシントンの連邦議会議事堂前で行われたが、史上最も格調高い就任演説ともいわれ、"Ask not what your country can do for you; ask what you can do for your country." という名文句とともに語り継がれている。

大統領とメディア(The President and the Press)の演説は、1961年4月27日、ニューヨークのホテルでアメリカ新聞発行者協会の会員を前に行われたもの。「報道の自由」と「秘密保護」のバランスという、今に通じる重要な視点が含まれている。

アーノルド・シュワルツェネッガー

成功するための6つの法則

アーノルド・シュワルツェネッガー(Arnold Schwarzenegger)は1947年、オーストリアのシュタイアーマルク州生まれ。1968年に米国に移住し、ボディビルダーとして数々のタイトルを獲得した後、俳優へ転身。『ターミネーター』シリーズの大ヒットでトップスターに。ケネディ大統領の姪と結婚(後に離婚)するなど政界への関心が強く、2003年には現職のリコールにより急きょ行われることになったカリフォルニア州知事選に出馬して当選。2006年11月に再選され、2011年1月まで知事を務めた。任期終了後は政策研究のシンクタンクを設立したりする一方、俳優業にも復帰している。

成功するための6つの法則(Six Rulues of Success)という演説は、2009年5月15日に、全米でも最難関大学のひとつとされる南カリフォルニア大学の卒業式で行われたもの。国を移り、ボディビルダーから俳優へ、俳優から政治家へと新たな挑戦をし続け、しかもそれぞれの世界で成功を収めてきたシュワルツェネッガー氏の語りには独特の説得力が満ちている。

出典：　Part 4収録の生声、トランスクリプトなどは下記の書籍から抜粋、再編集したものです。
[生声CD付き]オバマ演説集
[生声CD&電子書籍版付き]キャロライン&ジョン・F・ケネディ演説集
[生声CD&電子書籍版付き]セレブたちの卒業式スピーチ
いずれもCNN English Express編集部・編(朝日出版社)

Unit 01

バラク・オバマ「2004年民主党大会基調演説」①

Listening

オバマ生声 81

● Comprehension Check

Track 81の音声を聞いて、下の問い対する正しい答えを選びなさい。

Choose the correct sentence, according to Obama's speech.

① Obama's grandfather came to America as an exchange student.

② Obama's grandfather had been a cook before coming to America.

③ Obama's father came from Africa with his wife and Obama.

④ Obama's father made great efforts and came to America to study.

● Dictation

Track 81の音声を再度聞いて、空所に1語ずつ入れなさい。

My father was a ____ ____, ____ ____ ____ in a ____ ____ in Kenya. He ____ ____ ____ ____, went to school ____ a tin-roof ____. His father—my grandfather—was a ____, a ____ ____ to the British. But my grandfather had ____ ____ ____ his son. ____ ____ ____ and ____, my father ____ a ____ to study ____ ____ ____ ____, America, that ____ as ____ ____ of ____ and ____ to ____ ____ who ____ ____ before.

2004年のDNC(アメリカ民主党大会)におけるオバマ氏のスピーチです。オバマ氏といえば日本人にとっては広島でのスピーチが有名ですが、このスピーチとシカゴでの勝利演説が彼の代表的なスピーチと言う人もいますね。

Part 4

● Transcript

My father was a foreign student, born and raised in a small village in Kenya. He grew up herding goats, went to school in a tin-roof shack. His father — my grandfather — was a cook, a domestic servant to the British. But my grandfather had larger dreams for his son. Through hard work and perseverance, my father got a scholarship to study in a magical place, America, that shone as a beacon of freedom and opportunity to so many who had come before.

Reading

ナレーター音声 

上記のトランスクリプトをTrack 82の音声に合わせて音読してください。発音と意味がわからない箇所があれば下線を引き、あなたの弱点を可視化しましょう。下の語彙・表現を参考にしてください。

● Vocabulary

□ (be) born and raised in	□ ～で生まれ育った	□ perseverance	□ 忍耐、根気
□ herd	□ (家畜の)世話をする	□ scholarship	□ 奨学金
□ goat	□ ヤギ	□ magical	□ 魔法のような、魅力的な
□ tin-roof	□ トタン屋根の	□ shine	□ 輝く
□ shack	□ 掘っ立て小屋	□ beacon	□ かがり火
□ domestic servant	□ 召使い	□ freedom	□ 自由
□ hard work	□ 勤勉、努力	□ opportunity	□ 機会

● Expressions

■ My father was a foreign student, born and raised in a small village in Kenya.

ここで言うa foreign studentというのは「アメリカ以外の国籍を持った学生」という意味。また、born以下は分詞構文と考えればよい。<S was born and raised in＋場所>は「生まれも育ちもAである」という意味。

■ a magical place, America, that shone as a beacon of freedom and opportunity

ここはAmericaが挿入されていて、「魔法のような場所、つまりアメリカ」ということ。カンマ(,)が入っているので非制限用法と混乱するかもしれないが、関係代名詞thatは制限用法で、a magical place that... ということ。

●日本語訳

私の父は（米国への）留学生でしたが、生まれ育ったのはケニアの小さな村です。ヤギの世話をしながら成長し、トタン屋根の掘っ立て小屋の学校に通ったのです。彼の父親は、つまり私の祖父ですが、料理人で、イギリス人に仕える召使いでした。しかし祖父は自分の息子にもっと大きな夢を託しました。勤勉と忍耐によって父は奨学金を獲得し、魔法のような場所、アメリカで学べるようになったのです。そこは自由と機会のかがり火として、先に訪れた幾多の人々に光を投げかけていました。

● Back-Translation

上の日本語訳を参照し、下の英語の空所を埋めながら音読してください。できない箇所があればトランスクリプトを音読し直して、流ちょうに読めるようになるまで何度も行ってください。

My father was ____ ____ ____, ____ ____ ____ ____ a small village in Kenya. He ____ ____ ____ ____, went to school ____ a tin-roof ____. His father—my grandfather—was a cook, ____ ____ ____ ____ the British. But my grandfather ____ ____ ____ ____ his son. ____ ____ ____ ____ ____, my father ____ ____ ____ ____ ____ in a magical place, America, that ____ ____ ____ ____ of ____ ____ ____ to ____ ____ ____ ____ ____ ____.

このスクリプトは知らない語彙が多かったので、リスニングが難しかったのではないでしょうか。知らない表現が多くて聞き取れなかった場合はあまり気にしなくていいですよ。でも音読の回数は増やして、しっかり覚えましょう。

Speaking & Writing

Track 83の音声を聞き、尋ねられたことに対して英語で答えてください。Listeningのトレーニングで覚えた表現をできるだけ使って、その表現を脳に刷り込みましょう。

●うまく話せなかった人は、次のステップに従って再トライしましょう。

1. 話すべきことをメモしましょう。

・
・
・
・

2. メモに従って英語スクリプトを書きましょう。

巻末のAnswersに回答例（スクリプト例）がありますので、参考にしてもかまいません。
調べたり参照したり覚えたものを使ったりしながら、自分の力で書きましょう。

3. TRY AGAIN !

尋ねられた問いに対して、もう一度話してください。書いたメモやスクリプトを見ずにトライしてください。流ちょうに、詰まらずに話せるまで何度も反復してください。

海外で家族について話す機会はあまりないかもしれませんね。でも長期滞在をする場合、なにかの機会に話すこともあろうかと思います。自分の家族について、相手が興味を持ってくれるように話すのは意外と難しいのではないでしょうか。

自室で、しかも無料で受けられるなんて。

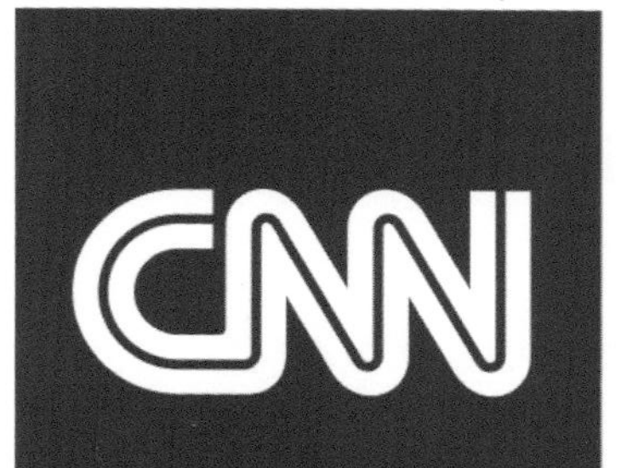

英語検定
CNN English Test

「CNN英語検定」第3回プレテスト（無料）が
11月9日よりオンラインで受験できます！

英語検定 の特長
CNN English Test

- リスニングセクション：30問／配点60点／約29分〈通常スピード版〉
  約35分〈ゆっくりスピード版〉
  リーディングセクション：20問／配点40点／25分
  国際教養セクション：10問／配点20点／10分
- ニュースという生きた英語を使ったテストなので本当の英語力が測れる。
- 時間と場所を選ばずオンラインで自由に受験できる。
- 自動採点で、テスト結果がすぐわかる。
- 本検定のスコアから、相当するCEFRのレベルとTOEIC予測スコアがわかる。

CNN英語検定のねらい

監修:笹尾洋介
京都大学 国際高等教育院附属国際学術言語教育センター 准教授

かないようにさまざまなトピックから出題されるよう配慮しています。

また、通常のニュース記事に加えて、ショートニュースやインタビューなど多様な形式も含んでいますので、実践的な時事英語の理解度を幅広く測定できるようデザインされていると言えます。

受験準備に役立つ
単語集の電子版を進呈!

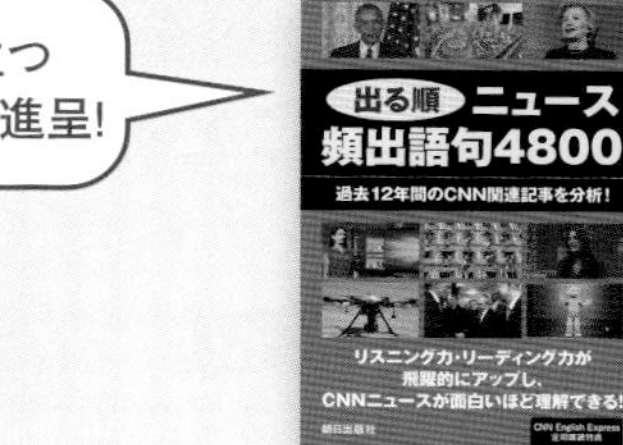

出る順 ニュース頻出語句4800
(非売品)

CNNのニュースを理解するための重要語句を、頻度順に並べた冊子の電子版(PDFファイル)を進呈します。これらの語句を押さえておけば、CNN英語検定を受験する際に大いに役立つはずです。

CNNを使った多様な英語教材

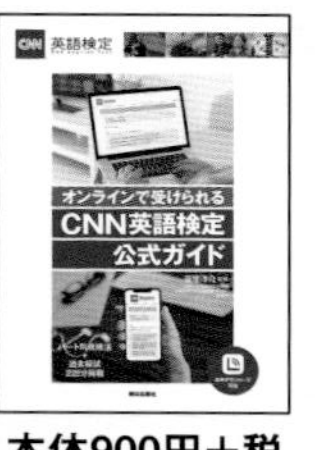

本体900円＋税

オンラインで受けられる
CNN英語検定 公式ガイド
笹尾洋介(京都大学 准教授) 監修

CNN 英語検定 CNN English Test の公式受験対策本

問題の傾向分析と直近2回の過去問、
詳しい解答・解説を掲載。
受験前の準備に最適です!

本体1,200円＋税

[音声&電子書籍版ダウンロード付き]
最強のリスニング学習法
『CNN English Express』編集部＝編

だれでも、どんどん聞き取れる!
- プロ通訳者もやっている練習法を解説
- CNNの短いニュースが練習素材
- ゆっくり音声、区切った音声付き
- 音声変化もニュースごとに丁寧に説明

お問い合わせ先 「CNN英語検定」事務局 EMAIL : eigo_kentei@asahipress.com

「CNN英語検定」第3回プレテスト(無料)がオンラインで受験できます!

今回もリスニング問題の音声として、CNNの生音声を使用する「通常スピード版テスト」に加え、ナレーターが録音した音声を使用する「ゆっくりスピード版テスト」を用意しています。

11月9日～11月27日は「通常スピード版」、12月7日～12月25日は「ゆっくりスピード版」が受験できます。

※QRコードは(株)デンソーウェーブの登録商標です

さらに、時事英語を理解するには言語技能に加え、政治・経済・文化等に関する背景知識、すなわち国際教養も必要とされるため、今回からそうした「国際教養力」を測る問題10問を加えてあります。

朝日出版社

Unit 02
バラク・オバマ「2004年民主党大会基調演説」②

Listening

オバマ生声 84

● Comprehension Check

Track 84の音声を聞いて、下の問い対する正しい答えを選びなさい。

What is Obama saying in this part of his speech?

① It is important to understand the differences among nations.

② The USA should be one, accepting the differences in thinking or race.

③ However different we are, we should look up to each other.

④ Even if your neighbor is a foreigner, you must not discriminate against him or her.

● Dictation

Track 84の音声を再度聞いて、空所に1語ずつ入れなさい。

Now, even ____ ____ ____, there are ____ ____ are ____ ____ ____ ____—the ____ ____, the ____ -ad ____ who ____ the ____ of "____ ____." Well, I ____ ____ ____ tonight: ____ ____ ____ a ____ America and a ____ America—there is the United States of America. There ____ ____ a ____ America and a ____ America and ____ America and ____ America— ____ ____ ____ ____ ____ ____.

民主党大会のスピーチの肝になる部分です。とても有名な箇所なので、知っている人も多いのではないでしょうか。聞き取れなかった部分があれば、次のページで何度も音読をしてくださいね。

Part 4

● Transcript

Now, even as we speak, there are those who are preparing to divide us — the spin masters, the negative-ad peddlers who embrace the politics of "anything goes." Well, I say to them tonight: There is not a liberal America and a conservative America — there is the United States of America. There is not a black America and a white America and Latino America and Asian America — there's the United States of America.

Reading

ナレーター音声 

上記のトランスクリプトをTrack 85の音声に合わせて音読してください。発音と意味がわからない箇所があれば下線を引き、あなたの弱点を可視化しましょう。下の語彙・表現を参考にしてください。

● Vocabulary

□ those who do	□ ～する人々	□ embrace	□ ～を喜んで受け入れる
□ prepare to do	□ ～する準備をする	□ politics	□ 政治
□ divide	□ ～を分断する、分ける	□ anything goes	□ 何でも許される
□ spin master	□ 情報操作のプロ	□ liberal	□ 自由主義の、進歩的な
□ negative ad	□ 中傷広告	□ conservative	□ 保守的な
□ peddler	□ (噂などを) 広める人	□ Latino	□ ラテン系の

● Expressions

■ **Now, even as we speak, there are those who are preparing to divide us**

even as we speakは「今こうして (話して) いる最中にも」という意味で使われるイディオム。通例、現在進行形の文が続く。

■ **there is the United States of America**

学校では<there is>の後ろにはthe＋名詞が来ることはないと教えられるが、実際には必ずしもそういうわけではなく、例外がある。必要なものや探していたものがそこにあることを伝える場合、there is the Aという形が使える。たとえば探していた本を見つけたときにThere's the book! (その本ならほらそこにある) というような使い方ができるのである。ここではオバマは「ないもの」を言った直後に「むしろあるのは～だ」という意味でthere is theの形を使っている。

●日本語訳

さて、われわれがこういう話をしている最中にも、われわれを分断させようと準備を進めている人たちがいます。情報操作や中傷広告のプロたちですが、彼らは「なんでもあり」の政治を進んで実践しているのです。そこで私は今夜、彼らにこう言います。リベラルなアメリカも保守的なアメリカもありはしない。あるのはアメリカ合衆国なのだと。黒人のアメリカも白人のアメリカもラテン系のアメリカもアジア系のアメリカもありはしない。あるのはアメリカ合衆国なのだと。

●Back-Translation

上の日本語訳を参照し、下の英語の空所を埋めながら音読してください。できない箇所があればトランスクリプトを音読し直して、流ちょうに読めるようになるまで何度も行ってください。

Now, ____ ____ ____ ____, ____ ____ ____ ____ are ____ ____ ____ ____ — the ____ ____, the ____-____ ____ who ____ the ____ of "____ ____." Well, I ____ ____ ____ tonight: ____ ____ ____ a ____ America and a ____ America — ____ ____ ____ ____ ____ ____. ____ ____ ____ a ____ America and a ____ America and ____ America and ____ America — ____ ____ ____ ____ ____ ____.

バックトランスレーションの習慣を身につけると、英語を話す力がかなり伸びてくる実感を持たれているのではないでしょうか。他の教材を使って勉強をする際にもバックトランスレーションを心がけてくださいね。

 **Speaking & Writing** 

Track 86の音声を聞き、尋ねられたことに対して英語で答えてください。Listeningのトレーニングで覚えた表現をできるだけ使って、その表現を脳に刷り込みましょう。

●うまく話せなかった人は、次のステップに従って再トライしましょう。

1. 話すべきことをメモしましょう。

・
・
・
・

2. メモに従って英語スクリプトを書きましょう。

巻末のAnswersに回答例（スクリプト例）がありますので、参考にしてもかまいません。
調べたり参照したり覚えたものを使ったりしながら、自分の力で書きましょう。

3. TRY AGAIN !

尋ねられた問いに対して、もう一度話してください。書いたメモやスクリプトを見ずにトライしてください。流ちょうに、詰まらずに話せるまで何度も反復してください。

Unit 03

バラク・オバマ「大統領選勝利演説(1期目)」

Listening

オバマ生声 87

● Comprehension Check

Track 87の音声を聞いて、下の問い対する正しい答えを選びなさい。

What kind of message does Obama say was sent to the world?

① The United States of America has always respected the freedom of individuals.

② America is not only a collection of individuals but a united people.

③ Even socially weak people are, and always will be, taken good care of in America.

④ The United States of America was, is, and will be a strong collection of individuals.

● Dictation

Track 87の音声を再度聞いて、空所に1語ずつ入れなさい。

It's the ____ ____ by ____ and ____, ____ and ____, ____ and ____, ____, ____, ____, ____, ____ ____, ____, ____, ____ and ____ ____—Americans ____ ____ ____ ____ to the world that we ____ ____ ____ just a ____ of ____ or a ____ of ____ ____ and ____ ____. We ____, and ____ ____ ____, the United States of America.

Hello, Chicago.で始まるオバマ氏の大統領選勝利演説です。このスピーチ、実は本書に入れる予定がなかったのですが、灘高の教え子からの強いリクエストがあり、であればということでこの有名な冒頭部分を使いました。

● Transcript

It's the answer spoken by young and old, rich and poor, Democrat and Republican, black, white, Hispanic, Asian, Native American, gay, straight, disabled and not disabled — Americans who sent a message to the world that we have never been just a collection of individuals or a collection of red states and blue states. We are, and always will be, the United States of America.

Reading

ナレーター音声 88

上記のトランスクリプトをTrack 88の音声に合わせて音読してください。発音と意味がわからない箇所があれば下線を引き、あなたの弱点を可視化しましょう。下の語彙・表現を参考にしてください。

● Vocabulary

□ Democrat	□ 民主党の、民主党支持の
□ Republican	□ 共和党の、共和党支持の
□ Hispanic	□ ラテンアメリカ系の
□ Asian	□ アジア系の
□ Native American	□ アメリカ先住民の
□ gay	□ 同性愛者の
□ straight	□ 同性愛者でない
□ disabled	□ 障害のある
□ collection	□ 集まり
□ individual	□ 個人

● Expressions

■ **It's the answer spoken**

この演説はオバマのシカゴにおける大統領選勝利演説。この直前で、Tonight is your answer.と述べているが、それを指して代名詞Itを使ったのである。

■ **Americans who sent a message to the world that we have never been just a collection of individuals or a collection of red states and blue states.**

a message (to the world) thatと考えれば構造を理解しやすいのではないだろうか。つまり、a messageの内容がthat以下に述べられているのである。red statesは主に共和党を支持する州、blue statesは民主党が優勢な州であり、それぞれの党のシンボルカラーを表している。

●日本語訳

その答えを出したのは、老いも若きも、金持ちも貧しい人も、民主党支持者も共和党支持者も、黒人も白人もヒスパニックもアジア系もアメリカ先住民も、同性愛者もストレートも、障害のある人もそうでない人も含めた人々です。アメリカ人みんなで世界に向けてメッセージを発信したのです。われわれは単なる個人の寄せ集めだったこともなければ、赤い(共和党支持の)州と青い(民主党支持の)州の単なる寄せ集めだったこともないのだと。われわれは今も、そしてこれから先もずっと、アメリカ合衆国なのです。

● **Back-Translation**

上の日本語訳を参照し、下の英語の空所を埋めながら音読してください。できない箇所があればトランスクリプトを音読し直して、流ちょうに読めるようになるまで何度も行ってください。

____ the ____ ____ ____ young and old, ____ ____ ____, ____ ____ ____, black, white, Hispanic, Asian, ____ ____, gay, straight, ____ and ____ ____ — ____ ____ ____ ____ ____ to the world ____ we ____ ____ ____ ____ a ____ ____ ____ or a ____ ____ red states and blue states. ____ ____, ____ ____ ____ ____, the United States of America.

オバマ以前の合衆国はUnited StatesではなくDivided States(分断された国)ではないかという声も上がっていました。そうした危機感を持ったアメリカ人が彼のスピーチに反応したという側面もあると思われます。

Part 4

Speaking & Writing

Track 89の音声を聞き、尋ねられたことに対して英語で答えてください。Listeningのトレーニングで覚えた表現をできるだけ使って、その表現を脳に刷り込みましょう。

●うまく話せなかった人は、次のステップに従って再トライしましょう。

1. 話すべきことをメモしましょう。

・
・
・
・

2. メモに従って英語スクリプトを書きましょう。

巻末のAnswersに回答例（スクリプト例）がありますので、参考にしてもかまいません。
調べたり参照したり覚えたものを使ったりしながら、自分の力で書きましょう。

3. TRY AGAIN !

尋ねられた問いに対して、もう一度話してください。書いたメモやスクリプトを見ずにトライしてください。流ちょうに、詰まらずに話せるまで何度も反復してください。

本書もそろそろ終わりに近づいてきました。最後まで挫折せずに続けていってくださいね。英語の勉強でもダイエットでも、続けていれば必ず成功します。カレンダーに終了日を記入して、必ずその自分との約束を守りましょう！

Unit 04

ジョン・F・ケネディ「大統領就任演説」

Listening

ケネディ生声

● Comprehension Check

Track 90の音声を聞いて、下の問い対する正しい答えを選びなさい。

What is President Kennedy saying here?

① If the poor are not helped, the rich will suffer too.

② Helping rich people will lead to helping poor people.

③ The number of people who live in huts and villages is increasing.

④ You shouldn't vote for politicians always seeking to win elections.

● Dictation

Track 90の音声を再度聞いて、空所に1語ずつ入れなさい。

____ ____ ____ in the ____ and ____ of ____ ____ ____, struggling to ____ the ____ of ____ ____, we ____ our ____ to ____ ____ ____ ____ for ____ ____ ____ ____ —____ ____ the Communists ____ ____ ____ ____, not because ____ ____ ____ ____, but because ____ ____ ____. If a ____ ____ ____ ____ the ____ ____ ____ ____, it ____ ____ the ____ ____ ____ ____.

ケネディ大統領の就任演説です。彼が史上最年少で当選を果たして大統領に就任した年は、オバマ氏が生まれた年でもあるんですね。ともに弱者に手を差し伸べようとしたこの2人は、そのスピーチにおいても共通点があるとよく言われています。

● Transcript

To those people in the huts and villages of half the globe, struggling to break the bonds of mass misery, we pledge our best efforts to help them help themselves for whatever period is required — not because the Communists may be doing it, not because we seek their votes, but because it is right. If a free society cannot help the many who are poor, it cannot save the few who are rich.

Reading

ナレーター音声 91

上記のトランスクリプトをTrack 91の音声に合わせて音読してください。発音と意味がわからない箇所があれば下線を引き、あなたの弱点を可視化しましょう。下の語彙・表現を参考にしてください。

● Vocabulary

□ hut	□ 小屋
□ struggle	□ もがく、苦闘する
□ break	□ ～を打ち破る、打ち切る
□ bonds	□ 足かせ、拘束
□ mass	□ 大人数の、大規模な
□ misery	□ 悲惨、不幸
□ pledge	□ ～を誓う
□ best efforts	□ 最大限の努力
□ period	□ 期間
□ require	□ ～を必要とする
□ Communist	□ 共産主義者
□ vote	□ 票、投票
□ save	□ ～を救う

● Expressions

■ those people in the huts and villages of half the globe, struggling to break the bonds of mass misery

つまり貧しい人々、生活に苦しんでいる人々を指して述べている。struggling以下はthose peopleを修飾して「苦闘している人々」という意味。

■ for whatever period is required

<for＋A（期間）>で「Aの期間にわたって」という意味になるが、ここではforの目的語がwhatever period (is required)とあることから「（必要とされる）期間がどれぐらいであろうと」という譲歩構文となっている。

●日本語訳

地球の半分の地域で掘っ立て小屋や村落に住み、大規模な不幸の足かせを外そうと苦闘している人々には、その自助努力に対して、時間がどれほど必要であろうとも最大限の力添えを行うと誓います。それは共産主義者がそうするかもしれないからでも、その貧しい人々の票が目当てであるわけでもありません。それが正しいことだからです。もし自由な社会が貧しい大多数の人々を救えないようであれば、少数の金持ちを救うこともできないのです。

● **Back-Translation**

上の日本語訳を参照し、下の英語の空所を埋めながら音読してください。できない箇所があればトランスクリプトを音読し直して、流ちょうに読めるようになるまで何度も行ってください。

Part 4

____ ____ ____ in the ____ and ____ of ____ ____ ____, ____ ____ ____ the ____ of ____ ____, we ____ our ____ ____ ____ ____ them ____ themselves ____ ____ ____ ____ ____ — ____ ____ the Communists ____ ____ ____ ____, ____ ____ we ____ ____ ____, ____ ____ it is ____. If a ____ ____ ____ help ____ ____ ____ are poor, it cannot save ____ ____ ____ ____ ____.

音読の際に理解できない部分があれば必ず調べたうえでバックトランスレーションに入りましょう。特に冠詞と前置詞は日本語にないので、理解が難しい場合もあります。1冊ぐらいは簡単な文法書を持っておかれてもいいかと思います。

Speaking & Writing

Track 92の音声を聞き、尋ねられたことに対して英語で答えてください。Listeningのトレーニングで覚えた表現をできるだけ使って、その表現を脳に刷り込みましょう。

●うまく話せなかった人は、次のステップに従って再トライしましょう。

1. 話すべきことをメモしましょう。

・
・
・
・

2. メモに従って英語スクリプトを書きましょう。

巻末のAnswersに回答例（スクリプト例）がありますので、参考にしてもかまいません。
調べたり参照したり覚えたものを使ったりしながら、自分の力で書きましょう。

3. TRY AGAIN !

尋ねられた問いに対して、もう一度話してください。書いたメモやスクリプトを見ずにトライしてください。流ちょうに、詰まらずに話せるまで何度も反復してください。

アメリカも日本も大企業中心、富裕層中心の経済政策を行っているのが現在の姿です。社会全体にとって何が優れた経済政策なのかはわかりませんが、われわれ庶民の立場だと、消費税率が何年かに1回上がりますので、株価がいくら上昇しても豊かになったという実感はないですね。

Unit 05

ジョン・F・ケネディ「大統領とメディア」

Listening

ケネディ生声

● Comprehension Check

Track 93の音声を聞いて、下の問い対する正しい答えを選びなさい。

What did President Kennedy want the press to do?

① Inform the people

② Support the administration

③ Not criticize him and his administration

④ Spread his ideas all over the nation

● Dictation

Track 93の音声を再度聞いて、空所に1語ずつ入れなさい。

____ ____ ____ ____ public scrutiny ____ ____ ____, for from that scrutiny ____ ____, and from that understanding ____ ____ ____ ____. And ____ ____ ____. I ____ ____ ____ your newspapers ____ ____ an ____, but I ____ ____ ____ ____ in the ____ ____ ____ ____ and ____ the American people, for I ____ ____ ____ ____ the ____ and ____ of ____ ____ whenever ____ ____ ____ ____.

ケネディ大統領はマスコミを規制しようとは思いませんでした。むしろ国民のことを思うならしっかりと批判すべきは批判してくれと、マスコミに言っていることがわかりますね。

● Transcript

No president should fear public scrutiny of his program, for from that scrutiny comes understanding, and from that understanding comes support or opposition. And both are necessary. I am not asking your newspapers to support an administration, but I am asking your help in the tremendous task of informing and alerting the American people, for I have complete confidence in the response and dedication of our citizens whenever they are fully informed.

Reading

ナレーター音声 

上記のトランスクリプトをTrack 94の音声に合わせて音読してください。発音と意味がわからない箇所があれば下線を引き、あなたの弱点を可視化しましょう。下の語彙・表現を参考にしてください。

● Vocabulary

□ scrutiny	□ 精密な調査、精査	□ inform	□ ～に情報を伝える、知らせる
□ program	□ 政策、方針	□ alert	□ ～に警告を発する
□ understanding	□ 理解	□ have confidence in	□ ～に信頼を置く
□ support	□ 支持、支援	□ complete	□ 完全な、全面的な
□ opposition	□ 反対	□ response	□ 反応
□ administration	□ 政権	□ dedication	□ 献身
□ tremendous	□ 非常に大きい	□ fully	□ 十分に
□ task	□ 仕事、任務		

● Expressions

■ for from that scrutiny comes understanding, and from that understanding comes support or opposition

forは「というのも」という意味の等位接続詞。最近はほとんど使われないので注意したい。from以下は倒置構文になっていて、understanding comes from that scrutiny, and support or opposition comes from that understandingが倒置されていない形。

■ whenever they are fully informed

informは「～を知らせる」という意味だが、ここでは受け身なので、新聞各社によって「知らされる」ということ。つまり、この節全体は「情報が与えられればいつでも」という意味である。

●日本語訳

いかなる大統領も自分の政策が国民の厳しい目にさらされるのを恐れてはなりません。その厳しい目から理解が生まれ、その理解から支持や反対が生まれるのです。どちらも必要なものです。私は皆さんの新聞が政権を支持するように求めてはいません。そうではなくて、アメリカ国民に情報を伝え、警告を発するという非常に大きい任務に手を貸して下さることを求めているのです。なぜなら、国民の皆さんが十分な情報を与えられた際にはいつでも、彼らの反応と献身に全幅の信頼を置いているからです。

● Back-Translation

上の日本語訳を参照し、下の英語の空所を埋めながら音読してください。できない箇所があればトランスクリプトを音読し直して、流ちょうに読めるようになるまで何度も行ってください。

____ ____ ____ ____ public ____ of ____ ____, for from that ____ ____ ____, and from that understanding ____ ____ ____ ____. And ____ ____ ____. I ____ ____ ____ your ____ ____ ____ an ____, but I ____ ____ ____ ____ in the ____ ____ ____ ____ and ____ the American people, for I ____ ____ ____ ____ the ____ and ____ of ____ ____ ____ ____ ____ ____ ____.

われわれ国民は権力者にこう言われると、信じてみようかなと思いますよね。逆に作為的に支持率を上げようとされると、この人は信じられないなという気持ちになります。ケネディが現在の日本やアメリカを見たらなんと言うでしょうか。

Speaking & Writing

Track 95の音声を聞き、尋ねられたことに対して英語で答えてください。Listeningのトレーニングで覚えた表現をできるだけ使って、その表現を脳に刷り込みましょう。

●うまく話せなかった人は、次のステップに従って再トライしましょう。

1. 話すべきことをメモしましょう。

・
・
・
・

2. メモに従って英語スクリプトを書きましょう。

巻末のAnswersに回答例（スクリプト例）がありますので、参考にしてもかまいません。
調べたり参照したり覚えたものを使ったりしながら、自分の力で書きましょう。

3. TRY AGAIN !

尋ねられた問いに対して、もう一度話してください。書いたメモやスクリプトを見ずにトライしてください。流ちょうに、詰まらずに話せるまで何度も反復してください。

小学生のとき、野党とメディアの役割は権力者の監視だと教わりました。今の日本のメディアは権力者を監視するというよりも、逆に権力者に寄り添い過ぎているように思います。国民の代わりにしっかりと監視してもらいたいものですね。

アーノルド・シュワルツェネッガー「成功するための6つの法則」

Listening

シュワルツェネッガー生声

● Comprehension Check

Track 96の音声を聞いて、下の問い対する正しい答えを選びなさい。

What is Mr. Schwarzenegger saying here?

① If you want to achieve a goal, you should consider others' opinions.

② You don't have to pay attention to people who say you cannot do something.

③ When you try to realize your dreams, you only have to listen to your inner voice.

④ Listening to other's tips is useful, but you have to make decisions on your own.

Part 4

● Dictation

Track 96の音声を再度聞いて、空所に1語ずつ入れなさい。

I mean, ____ ____ ____ have you ____ that you ____ ____ ____ and you ____ ____ ____ and that it's ____ ____ ____ ____? Just ____ if Bill Gates ____ ____ when people said, "____ ____ ____ ____." I hear ____ ____ ____ ____.

As a ____ ____ ____, I ____ ____ when ____ ____ that never...no one ____ ____ ____ ____ ____, because then when I ____ ____, that means that I'm ____ ____ ____ ____ ____ ____ ____. So ____ ____ ____ ____ the people that ____, "____ ____ ____ ____."

最後は、僕自身の信念に一致しているシュワルツェネッガーのスピーチを取り上げました。周囲の人はいろいろアドバイスをくれるのですが、なかにはネガティブなものもあります。自分の人生ですから、自分で責任を持って生きないといけませんよね。

● Transcript

I mean, how many times have you heard that you can't do this and you can't do that and that it's never been done before? Just imagine if Bill Gates had quit when people said, "It can't be done." I hear this all the time.

As a matter of fact, I love it when someone says that never...no one has ever done this before, because then when I do it, that means that I'm the first one that has done it. So pay no attention to the people that say, "It can't be done."

Reading

ナレーター音声 97

上記のトランスクリプトをTrack 97の音声に合わせて音読してください。発音と意味がわからない箇所があれば下線を引き、あなたの弱点を可視化しましょう。下の語彙・表現を参考にしてください。

● Vocabulary

□ imagine if	□ ～ということを想像する
□ quit	□ やめる、あきらめる
□ as a matter of fact	□ 実を言うと、実は
□ pay attention to	□ ～に注意を払う

● Expressions

■ **how many times have you heard that you can't do this and you can't do that and that it's never been done before?**

<and that it's never been done before>の部分は、andの後ろのthat以下がheardの目的語であることを表している。また、and (that) you can't do thatの接続詞thatが省略されている。したがって、「君にこれはできない、あれはできない、かつてやった人なんていない、と何回聞いたことでしょう」という意味になる。

■ **when I do it, that means that I'm the first one that has done it**

短い部分にthatが3つあるが、それぞれの用法を確認しておきたい。最初のthatは「私がそれをすること」という意味。2つ目のthatはmeans that (that以下を意味する) の接続詞。そして最後のthe first one that has done it (それを成し遂げた最初の人) のthatは、the first oneを修飾する関係代名詞節を導くthatである (thatの代わりにwhoとしてもよい)。

●日本語訳

つまり、皆さんはこれまで何度耳にしてきたでしょうか。君にこれはできない、あれはできない、かつてやった人なんていない、と。もしビル・ゲイツが「そんなのどうせ無理」と人に言われたがために途中で断念していたら、と、ちょっと想像してみてください。私はそんな言葉をいつも耳にします。

実は私は大好きなのです。だれかが「こんなこと今までだれもやったことがない」と言うのが。なぜならそれをやれば、すなわち私がそれをやった最初の人物になるからです。ですから、「そんなのどうせ無理」と言う人のことを気にしてはいけません。

● Back-Translation

上の日本語訳を参照し、下の英語の空所を埋めながら音読してください。できない箇所があればトランスクリプトを音読し直して、流ちょうに読めるようになるまで何度も行ってください。

I mean, ____ ____ ____ ____ you ____ that you ____ ____ ____ and you ____ ____ ____ and that it's ____ ____ ____ ____? Just ____ if Bill Gates ____ ____ when people said, "____ ____ ____ ____." I hear ____ ____ ____ ____.

As a ____ ____ ____, I ____ ____ when ____ ____ that no one has ____ ____ ____ ____, because then when I ____ ____, that ____ that I'm ____ ____ ____ ____ ____ ____ ____. So ____ ____ ____ ____ the people that ____, "____ ____ ____ ____."

北海道への修学旅行で、ロケット開発で有名な植松電機を訪問したことがあります。植松社長にスピーチをして頂きました。「どうせ無理」という言葉をなくしませんかとおっしゃっていまして、その後の僕の人生に大きい影響を与えてくださいました。それもあって、この本の最後はこのスピーチを選びました。

Speaking & Writing

Track 98の音声を聞き、尋ねられたことに対して英語で答えてください。Listeningのトレーニングで覚えた表現をできるだけ使って、その表現を脳に刷り込みましょう。

●うまく話せなかった人は、次のステップに従って再トライしましょう。

1. 話すべきことをメモしましょう。

・
・
・
・

2. メモに従って英語スクリプトを書きましょう。

巻末のAnswersに回答例（スクリプト例）がありますので、参考にしてもかまいません。
調べたり参照したり覚えたものを使ったりしながら、自分の力で書きましょう。

3. TRY AGAIN !

尋ねられた問いに対して、もう一度話してください。書いたメモやスクリプトを見ずにトライしてください。流ちょうに、詰まらずに話せるまで何度も反復してください。

この本を使ってリスニングとスピーキングのトレーニングをしてくださった皆さんに敬意を表します。かなりタフだったのではないでしょうか。でもタフでないと力がつかないんです。これからも外国語の勉強を続けてくださいね。お疲れさまでした！

Answers

Part 1

Unit 01

● Comprehension Check **1.** ①　**2.** ③

● Speaking & Writing

Make a self-introduction in front of people you don't know. First, express your thanks. And then, tell them about your company or school.

［回答例］Thank you all very much for coming to this assembly. I'm really honored to be with you. Today, I'm going to tell you about my school. This school was established about 100 years ago, so it can be said to be a traditional school. About 600 students are enrolled, which means there are some 200 students in each grade. Many of them have a strong desire to go on to university, and they make great efforts every day to achieve that goal. I believe this is one of the best schools in Japan.

assembly 集会／ be enrolled 入学している、在籍している／ have a desire to do ～したいという願いを持つ／ go on to ～に進学する／ make efforts to do ～するよう努力する／ achieve a goal 目標を達成する

［訳］知らない人たちの前での自己紹介をしてみてください。最初に謝辞を述べます。それから、自分の会社や学校について話してください。

皆様、この集会にお越しくださり、誠にありがとうございました。ご参加いただけて本当に光栄です。本日は、わが校についてお話しさせていただきます。本校は創設100年ほどですから、伝統校と言えるでしょう。在校生は約600名、すなわち1学年あたり約200名の生徒がいます。その多くは大学への進学意欲が強く、日々、目標達成に向けて大変な努力をしています。ここは日本で最も優れた学校のひとつだと思います。

Unit 02

● Comprehension Check **1.** ①　**2.** ①

● Speaking & Writing

Describe your parents, including some specific episode when you were a kid.

［回答例］Both of my parents, who passed away some years ago, were really energetic, and I liked that about them. My father suffered a brain infarction at the age of 58 and had paralysis on the right side of his body. But he liked traveling and went to a variety of places within Japan with my mother. Every time they traveled, they would happily tell me about their experiences when they got home. If they were alive now, I would be able to take them abroad.

describe ～を言い表す、説明する／ specific 具体的な／ pass away 亡くなる／ energetic 活動的な、エネルギッシュな／ suffer ～を患う／ brain infarction 脳梗塞（のうこうそく）／ paralysis まひ

［訳］あなたの両親はどんな人か説明してください。自分が子どもの頃の具体的なエピソードも交えましょう。

うちの両親は数年前に亡くなったのですが、ふたりともすごく活動的で、そういうところが私は好きでした。父は58歳のときに脳梗塞（のうこうそく）になり、右半身にまひを抱えました。でも旅行が好きで、母と一緒にあちこち国内旅行をしていました。旅行するたびに、家に帰ってその体験を楽しそうに話してくれたものです。もし今も健在だったら、ふたりを海外旅行に連れて行けたのですが。

Unit 03

● Comprehension Check **1.** ② **2.** ③

● Speaking & Writing

Describe what your high school or university was like. If you are a student now, describe what you like or don't like about your high school or university life.

［回答例］I graduated from a private high school in Osaka. It's a very big school that has about 3,500 students in total. It may be a good school, but I didn't like it. I had intended to join the baseball club before I was admitted into the school, but just after the entrance ceremony, I found out it didn't have a baseball club. I should have checked more thoroughly about the school. Even so, I'm now grateful to all the teachers who helped me there.

private high school 私立高校／ intend to do ～するつもりである／ be admitted into ～に入ることが許される、～に合格する／ entrance ceremony 入学式／ thoroughly 入念に、徹底的に ／（be）involved with ～に関わる

［訳］自分の高校や大学はどんな感じだったか説明してください。在学中の場合は、自分の高校生活や大学生活の好きなところ、または好きでないところを説明してください。

卒業したのは大阪の私立高校だったのですが、そこはかなりの大規模校で、全部で3,500人くらい生徒がいるんです。良い学校なのかもしれませんが、私は好きじゃありませんでした。入試に受かる前から野球部に入るつもりでいたのですが、入学式の直後に野球部がないってわかったんです。学校のことは、もっと入念に調べておくべきでした。それでも今は、お世話になったすべての先生に感謝しています。

Unit 04

● Comprehension Check **1.** ① **2.** ①

● Speaking & Writing

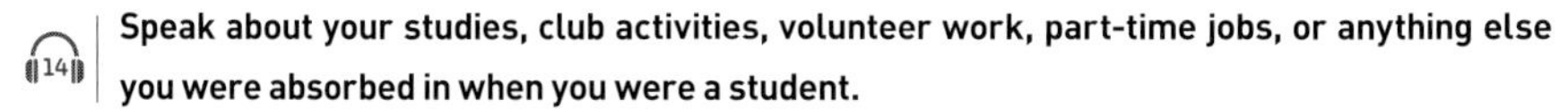

Speak about your studies, club activities, volunteer work, part-time jobs, or anything else you were absorbed in when you were a student.

［回答例］When I was a university student, I worked for an *izakaya*, a Japanese-style pub, as a part-time job. My parents were not very wealthy, so they couldn't afford to cover all of my expenses as a student. I had to make as much money as possible to keep on learning. Through my experiences working in an *izakaya*, I learned a lot of things that I couldn't learn though study at university, including the ways people from different generations in the same company or group help each other with various things.

be absorbed in ～に熱中している、没頭している／ wealthy 裕福な、お金持ちの／ can't afford to do ～する余裕がない／ cover（費用を）まかなう／ expense 費用、出費／ keep on doing ～し続ける

［訳］勉強でも部活でもボランティア活動でもアルバイトでも何でもよいので、学生時代に熱中したことについて話してください。

大学生のとき、日本式のパブである居酒屋で、アルバイトとして働きました。うちの両親はあまり裕福ではなくて、学生生活の費用すべてを出せるような余裕はなかったんです。私は学業を続けられるように、できるだけたくさんのお金を稼がないといけませんでした。居酒屋で働いた経験を通して、大学の勉強では学べないようなことをたくさん学びました。たとえば、同じ会社やグループにおいて、どのようにして世代の異なる人たちが互いに助け合いながらいろいろなことに取り組んでいるのか、ということです。

Unit 05

●Comprehension Check 1. ③ 2. ①

●Speaking & Writing

Tell us about the experience or event that has had the greatest impact on your life. How does it connect with what you are now?

[回答例] The most important experience I've ever had is that I set up a company while I was young. In those days, I had enough funds to keep the company going, but I still often went to several banks to ask them to loan money to me. But since I was young, they didn't trust in my business. I made great efforts to develop my company, and eventually I managed to make it in business. This experience gave me the confidence to follow my heart. Now, a lot of people work for my company, and I plan to keep on working hard for their security and happiness.

event（心に残るような）出来事、事件／ connect with ～と関連する、つながりがある／ set up ～を設立する／ funds（手持ちの）資金／ loan money to ～に金を貸す／ manage to do なんとかして～する、成功する／ make it うまくやる、成功する

[訳] これまででであなたの人生に最も大きな影響を与えた経験や出来事について教えてください。そのことは今のあなたにどのように関係しているのでしょうか。

これまでで最も意義のある経験は、若いうちに起業したことですね。当時、会社を続けるくらいの資金はあったのですが、それでも融資のお願いにいくつかの銀行を回ることがよくありました。しかし、私が若いせいで、うちの会社を信用してくれませんでした。私はすごく頑張って会社を成長させ、ついになんとかビジネスで成功することができました。この経験から、私は自分の心に従うことに自信を持てるようになりました。今は大勢の人が弊社で働いていますが、私はこれからも彼らの安心と幸せのために頑張るつもりです。

Unit 06

●Comprehension Check 1. ① 2. ①

●Speaking & Writing

When do you feel the happiest? What do you like to do when you have time to spare?

[回答例] I feel happiest when I read. Reading enriches the heart and mind. It's best to meet as many wise people as possible to develop yourself through contact with the ideas and values of those people. However, there are not so many people who can do that. All of us are so busy that we have little time to meet a lot of people. But through reading, you can encounter people from many places and times who have different ideas and opinions from yours, which will help you to realize your full growth potential.

time to spare 時間的余裕、暇な時間／ enrich ～を豊かにする／ values 価値観／ encounter ～に出会う／ realize ～を実現する／ growth potential 成長の可能性

[訳] 最高に幸せだと感じるのはどういうときですか。暇があるときには何をしたいでしょうか。

本を読んでいるときが一番幸せです。読書は心や精神をより豊かにしてくれます。できるだけ多くの賢い人と会って、その人たちの考えや価値観に触れることを通して自分を磨くのが一番です。だけど、それができる人はそんなにいません。だれだって忙しいから、時間がほとんどなくて、たくさんの人に会うなんてできないです。でも読書を通してなら、自分とは異なる考えや意見を持っている様々な地域、様々な時代の人たちと出会うことができ

ます。そしてそれが、自分の成長の可能性をフルに発揮できるようにしてくれるのです。

Unit 07

● Comprehension Check **1.** ① **2.** ③

● Speaking & Writing

If today were the last day of your life, what would you like to do and why?

[回答例] If today were the last day of my life, I would stay home and send messages to all the people I care about. That's because those people have had a great influence on me, and I owe what I am today to them. However intelligent or clever you are, you cannot live by yourself. That means that whether you make it in life, whether you can live a happy life, and whether you can go to heaven all depend on those people. So I would be home sending my last messages to them in thanks for all they have done for me.

would like to do ～したいと思う／ have an influence on ～に影響を及ぼす／ owe A to B AについてBの恩恵を受けている、AはBのおかげである／ depend on ～によって決まる、～次第である

[訳] もし今日があなたの人生最後の日だとしたら、何をしたいですか。そして、それはなぜですか。

もし今日が自分の人生最後の日だとしたら、家にずっといて、自分の大切な人たちみんなにメッセージを送りたいですね。だって、その人たちからとても影響を受けてきたし、私が今日あるのは彼らのおかげなのだから。どんなに知的で聡明であったとしても、人はひとりでは生きていけません。つまり、人が人生で成功を収められるか、幸せな人生を送ることができるか、天国へ行けるかは、すべてそういう人たち次第なのです。ですから、家にいて、大変お世話になったことに対する感謝を込めて、そういう人たちに最後のメッセージを送りたいと思います。

Unit 08

● Comprehension Check **1.** ③ **2.** ②

● Speaking & Writing

What is something that you have a strong desire to do in your life and why?

[回答例] I really want to live abroad for a relatively long period. The reason is that althongh I have been learning English since I entered junior high school, I have almost never used the language in my daily life. The reason I study English is not to pass entrance examinations but to talk with people from all over the world about business, research, whatever. But as long as I live in Japan, it seems that I won't ever use English at all. I'm planning to study abroad for a year after going on to university, but in addition to that, I want to live overseas for a much longer period.

relatively 比較的、わりと／ period 期間／ research 研究、調査／ in addition to ～に加えて

[訳] 一生のうちにぜひやりたいと思っているのはどんなことですか。また、それはどうしてですか。

わりと長期間、海外で暮らしてみたいという気持ちが強いです。その理由は、中学に入って以来ずっと英語を習ってはいるのだけれど、日常生活の中で英語を使ったことはほとんどないからです。私が英語を勉強するのは、入試に合格するためじゃなくて、世界中の人とビジネスとか研究とかいろんなことについて語り合うためです。で

も、日本に住んでいる限り、私が英語を使うことはいつまでたっても決してないような気がします。大学に進学したら1年間留学するつもりなんですけど、それだけじゃなくて、もっと長い期間、海外で暮らしたいと思っているんです。

Unit 09

● Comprehension Check 1. ① 2. ③

● Speaking & Writing

What are you bothered by in your relations with other people?

[回答例] I'm currently bothered by the behavior of some of the staff I'm in charge of at work. Specifically, some of them have seldom taken a cooperative attitude toward me. As the chief of my section, I often tell them to complete a certain task by a deadline, but they don't buckle down and are quick to complain about what they're told to do. I'll do my best, because their bad attitude may cause the morale of all the employees to decline, but it's a very tough problem.

be bothered by ～に悩んでいる／ relations 関係、間柄／ specifically 具体的に言えば／ take a cooperative attitude toward ～に対して協力的な態度を取る／ buckle down 真面目に取り組む／ cause A to do Aが～する原因となる／ morale やる気、士気

[訳] **人間関係で悩んでいることは何ですか。**

　いま悩んでいるのは会社の一部の部下の態度です。具体的に言うと、一部の部下は、私に協力的な態度を取ったことがほとんどないのです。課長として、ある特定の仕事を締め切りまでにやり終えるよう彼らにしょっちゅう言っているのですが、彼らは真面目に取り組まず、言われたことに対してすぐ文句を言います。彼らのひどい態度のせいで従業員全体の士気が下がる可能性がありますから、私としては全力を尽くしますが、かなりの難題です。

Unit 10

● Comprehension Check 1. ② 2. ③

● Speaking & Writing

What kind of people do you think are great?

[回答例] Great people can keep on working foward a goal once they have decided to achieve it. It may be difficult, but they can continue, regardless of the obstacles that arise. Many successful people have a lot of experience of failures, but still make great efforts until they reach their goal. This explains why their failures lead to big success. On the other hand, average people tend to give up at a relatively early stage and therefore cannot achieve anything big.

regardless of ～に関係なく、かかわらず／ obstacle（目的達成を阻む）障害／ arise 起こる、生じる／ failure 失敗／ on the other hand 一方では、他方では／ tend to do ～しがちである、～する傾向がある

[訳] **どんな人が偉大だと思いますか。**

　偉大な人は目標に向かって取り組み続けることができるんですよ、いったんやり遂げるって決めたら。それが困難な可能性もありますが、彼らは障害が立ちはだかっても続けることができるのです。多くの場合、成功者もたくさんの失敗を経験しているのですが、それでも彼らは目標を達成するまで努力を惜しみません。だからこそ、彼

らの失敗は大成功につながるのです。一方、凡人は比較的早い段階であきらめてしまう傾向があるので、何か大きなことを成し遂げるのは無理なんです。

Part 2

Unit 01

● Comprehension Check ①

● Speaking & Writing

In August,1945, atomic bombs were dropped by the US on Hiroshima City and Nagasaki City, and a lot of people were killed. But the US is now one of Japan's allies, and there are a lot of US military bases in Japan, especially in Okinawa. What do you think of Japan's current security situation?

[回答例] To be sure, two atomic bombs were dropped on Japan by the US, and a lot of people still remember the horrors experienced by the victims. However, with the resulting end of the war, Japan vowed not to engage in war anymore, and Japan and the US made a security treaty that has contributed not only to the security of our country but to the peace and security of the whole Asia-Pacific region. Some people argue for the dissolution of the treaty, but I think that would cause instability.

atomic bomb 原子爆弾／ally 同盟国／to be sure 確かに／horrors 惨事、悲惨なこと／vow not to do ～しないと誓う／engage in ～に携わる、従事する／security treaty 安全保障条約／dissolution 解消／instability 不安定性

[訳] 1945年8月、米国によって原爆が広島市と長崎市に落とされ、多くの命が失われました。しかし米国は今や日本の同盟国のひとつで、たくさんの米軍基地が日本、特に沖縄にあります。現在の日本の国防状況をどう思いますか。

確かに、2つの原子爆弾が米国によって日本に落とされ、大勢の人が今も犠牲者の恐ろしい体験を忘れてはいません。しかし、結果として戦争が終わり、日本は不戦を誓いました。それで、日米は安全保障条約を結び、その条約が日本の安全だけでなく、アジア太平洋地域全体の平和と安全に貢献してきたのです。条約解消を訴える人たちもいますが、そうすれば地域の不安定化をもたらすと思います。

Unit 02

● Comprehension Check ①

● Speaking & Writing

Even after August 15, 1945, the Soviet Union continued to attack Japan. As a result, Japan's Northern Territories were annexed by the Soviet Union and have yet to be returned to Japan. What do you think about this problem?

[回答例] A lot of Japanese people today believe the war ended on August 15, 1945, because they don't know Japan was attacked by the Soviet Union even after that day. It's very tough for our country to settle the problem of the Northern Territories. Historically speaking, most problems as to territories have been solved through war. Japan has promised never to engage in any more war, and this explains why this problem is difficult to solve. For now, we have no choice but to have continuous negotiations with Russia.

(the) Northern Territories 北方領土、北方四島／ annex (領土などを) 併合する／ have yet to be done まだ～されていない／ settle ～を解決する／ historically speaking 歴史的に言えば／ as to ～に関しては／ continuous 連続した、継続的な

[訳] 1945年8月15日以降もソ連は日本を攻撃し続けました。結果的に、日本の北方四島はソ連に併合されてしまい、いまだに返還されていません。この問題についてどう思いますか。

多くの日本人は、現在、戦争は1945年8月15日に終わったと思っています。なぜなら、その日以降も日本がソ連から攻撃されたことを知らないからです。日本にとって、北方領土問題を解決するのはかなりの難題です。歴史的に言えば、領土に関する問題はほとんど戦争によって解決されてきました。日本は不戦を誓っていますが、それゆえにこの問題の解決は難しいと言えます。今のところ、われわれにはロシアと粘り強く交渉する以外の手はないのです。

Unit 03

● Comprehension Check ③

● Speaking & Writing

Why do you think humans have fought one another so much throughout history?

[回答例] I think there are two main reasons why humans have fought throughout history. The first is their desire to rise up in their community, which can be said to be the desire to stand out. It is said that humans began to fight when they first made villages. Some people seem to have wanted to stand in the position of chief, and that always leads to a great number of conflicts.

The second reason is people's desire to get as much property as possible. For example, in Japan, a lot of military commanders, such as Nobunaga and Hideyoshi, fought for new territories during the Age of Civil Wars. After World War II, the victorious nations competed for the territories of the defeated nations. Around us, there are a variety of cases in which people fight for money, real estate, investments, and so.

Many people hope for peace, but I think the conflicts and fights among us will never disappear unless these desires disappear.

stand out 目立つ、注目を浴びる／ conflict 対立、争い／ property 財産／ military commander 武将／ the Age of Civil Wars 戦国時代／ victorious nation 戦勝国／ compete for ～を得ようと競争する／ defeated nation 敗戦国／ real estate 不動産／ investment 投資／ disappear 消える、なくなる

[訳] 歴史を通して、人間がこんなにも互いに争ってきたのはなぜだと思いますか。

人間が歴史を通して争い続けてきた主な理由は2つあると思います。ひとつ目は、共同体内における上昇志向ですが、それは傑出した存在でありたいという欲求とも言えます。人間が争いを始めたのは最初に村をつくった時だと言われています。村長的な地位に就きたいという人たちがいたようですが、それは決まって幾多の争いにつながっていきます。

ふたつ目は、できるだけ多くの財産を得たいという欲望です。たとえば日本では、戦国時代、信長や秀吉のような多くの武将たちが新たな領土を求めて争いました。第二次大戦後、戦勝国は敗戦国の領土を奪い合いました。われわれの周りには、お金や不動産や投資などを求めて人が争った例がいろいろとあります。

多くの人は平和を求めていますが、人々の間から紛争やいさかいがなくなることは、こうした欲望が消えてなくならない限り、きっとないと思います。

Unit 04

● Comprehension Check ③

● Speaking & Writing

What is Hiroshima City like today?

[回答例] Since the end of World War II, Hiroshima City has become one of the largest cities in Japan, now with a population of about 1.2 million people. Although the atomic bomb dropped in 1945 destroyed th city and killed some 100,000 people, great efforts toward recovery have been made since then. Above all, Hiroshima is called a city of education, and it provides high-quality instruction for children. Not only Japanese people but a great number of foreigners visit the city to pray for the atomic-bombing victims every year, which gives the whole city a lively atmosphere.

recovery 復興、再興／ above all 何よりも、とりわけ／ instruction 教育／ pray for ～のために祈る／ lively 生き生きした、活気のある／ atmosphere 雰囲気

[訳] 現在の広島はどんな感じですか。

第二次大戦後、広島市は日本でも有数の大都市になっていて、今や人口約120万人です。1945年に落とされた原爆によって街は壊滅し、およそ10万人もの人々が亡くなりましたが、それ以降復興に向けて多大な努力がなされたのです。とりわけ、広島は教育都市と呼ばれており、子どもたちに質の高い教育を提供しています。毎年、日本人だけでなく多くの外国人も広島を訪れて原爆犠牲者への祈りを捧げており、それが広島市全体ににぎわいをもたらしています。

Unit 05

● Comprehension Check ①

● Speaking & Writing

What do you regard as a scientific discovery or invention that has caused more trouble than good?

[回答例] In my view, one of the worst inventions is the automated telephone response system. Whenever I call a certain big corporation, I feel irritated to find a machine starting to talk to me instead of the person in charge. You have to push the keypad of your cellular phone many times before you can actually speak with someone. Very often, the machine says, “We’re very sorry, but none of our customer-service staff are currently available to take your call.” It may be convenient for the corporations, but it’s a terrible invention for us customers.

invention 発明／ capability 機能、性能／ feel irritated いらいらする、腹が立つ／ instead of ～の代わりに、～ではなくて／ person in charge 担当者、責任者／ keypad キーパッド（数字などに特化したキーボード）

[訳] いいことよりもトラブルを引き起こしてきたと思う科学的発見や発明は何だと思いますか。

私的には最悪の発明のひとつは電話の自動音声応答装置ですね。大企業に電話したら、いつもいらいらさせられるんですよ、担当の人間じゃなくて機械が話し始めるから。ケータイの数字ボタンを何度も押してからじゃないと、担当者と直接話すことができないんです。しゅっちゅう機械に言われてますよ、「誠に申し訳ございませんが、電話が大変混みあっており、おつなぎできません」って。これって会社にとっては便利なんでしょうけど、われわれ客の側にとってはひどい発明です。

Unit 06

● Comprehension Check ④

● Speaking & Writing

Hiroshima and Nagasaki have recovered impressively since the war ended in 1945. Do you think there are any typically Japanese characteristics that have enabled such successful reconstruction?

［回答例］I think two relevant characteristics are that Japanese people are basically hardworking and cooperative. Once they make a decision to do something, they tend to make every effort to achieve it. And when a leader asks them to cooperate toward some goal, many of them are willing to comply. This feature of Japanese people showed up when the new coronavirus spread all over the world in 2020. The prime minister asked them not to go out, and many of them continued to stay home without complaining, so fewer people passed away from the virus than in the US or the UK.

recover 復興する、再興する／ relevant 関連のある／ characteristic 特性、特質／ enable ～を可能にする／ reconstruction 再建、復興／ cooperative 協力的な／ comply 従う、応じる／ spread 広がる／ pass away 亡くなる、死ぬ

［訳］**広島と長崎は、1945年に終戦を迎えた後、見事に復興を成し遂げています。典型的な日本人の特性に、これほど素晴らしい復興を可能にした何かがあると思いますか。**

それに関連があると言える2つの特質は、日本人が基本的に勤勉であることと、協調性があることだと思います。いったん何かやると決めたら、それを達成するためにあらゆる努力を惜しまない傾向があります。そして、ある目標に向かって協力するよう指導者から言われたら、日本人の多くが従うのをいといません。日本人のこういう特質は2020年に新型コロナウイルスが世界中に広まったときにも見られました。首相が外出を控えるように要請を行うと、国民の多くはステイホームを続け、不満を言うこともありませんでした。おかげで、このウイルスによって亡くなった人は米国や英国に比べて少なかったのです。

Unit 07

● Comprehension Check ①

● Speaking & Writing

Do you think Japan has forged a genuine friendship with the United States? Explain your opinion.

［回答例］Yes, I think the relationship between Japan and the US is a true friendship. Both sides benefit from it economically and strategically, and there are strong cultural and grassroots ties as well. Historically speaking, the better his relationship with the US president, the longer the Japanese prime minister's term in office has been. On the other hand, the US, by having a good relationship with Japan, can maintain its strong influence in the Asia-Pacific region.

forge a friendship with ～と友好関係を築く／ genuine 本物の、真の／ benefit from ～から利益を得る／ strategically 戦略的に／ grassroots 草の根の、民衆の／ term in office 任期／ maintain ～を維持する／ influence 影響力

［訳］**日米は真の友好関係を築き上げていると思いますか。自分の意見を述べてください。**

はい、日米関係は真の友好関係だと思います。経済的、戦略的に両国ともその関係から利益を得ていますし、文化レベルや一般市民レベルでの強いつながりもあります。歴史的に言うと、首相と米国大統領との関係が良好であればあるほど首相の在任期間が長くなっているのです。一方の米国は、日本と良好な関係を持つことによっ

Answers

て、アジア太平洋地域での強大な影響力を保てるのです。

Unit 08

●Comprehension Check ④

●Speaking & Writing

What do you think is the most important factor in preventing war?

［回答例］It is very difficult to choose just one factor, but ultimately, I think imagination is the most important. What would you do if another world war were to break out? What would happen to the human race if nuclear weapons were to be used in that war? Who could benefit from such a war even if they were to "win" it? By imagining these things, anybody can see how stupid it would be to make war or use nuclear weapons.

prevent ～を防ぐ、阻止する／ ultimately 結局のところ、最終的には／ if A were to do もしAが～するとしたら／ break out 急に起こる、勃発（ぼっぱつ）する／ the human race 人類／ nuclear weapon 核兵器／ see how どんなに～かわかる

［訳］**戦争を防ぐために最も重要な要素は何だと思いかすか。**

ひとつだけ要素を選ぶのはとても難しいのですが、結局のところ想像力が最も大切なのではないでしょうか。もしまた世界大戦が勃発（ぼっぱつ）したらどうするでしょうか。その世界大戦でもし核兵器が使われたら人類はどうなるのでしょうか。そんな戦争に「勝った」としても、そこから利益を得る人はいるのでしょうか。こうしたことを想像してみれば、戦争をしたり核兵器を用いたりするのがいかにバカげたことか、だれだってわかるはずです。

Unit 09

●Comprehension Check ①

●Speaking & Writing

What kind of world do you think the human race should aim to create?

［回答例］The best world would be one in which all human beings are treated equally and can realize their dreams if they work hard. There are now large differences in wealth, health, peace, rights and so on. Above all, the gap between developed countries and developing countries is so large that it seems impossible to close. Those who don't work hard never make it, but these unfair circumstances make life far too hard for many people.

aim to do ～することを目標にする／ realize one's dream 夢を実現する、かなえる／ wealth 富／ developed country 先進国／ developing country 発展途上国／ close a gab 格差を解消する／ circumstances 状況、事情／ far too あまりにも～すぎる

［訳］**人類が目指すべき世界はどんなものだと思いますか。**

最も望ましい世界はすべての人が平等に扱われ、頑張れば夢をかなえられるような世界です。今は、富や健康、平和や権利などの面で大きな違いがあります。とりわけ、先進国と発展途上国の格差は大きく、解消は不可能と思えるほどです。頑張らない人が成功を収めることはありえないにしても、こういう不公平な現状は多くの人にとって過酷すぎます。

Unit 10

● Comprehension Check ④

● Speaking & Writing

How would you say Japan has worked to improve itself since the end of World War II.

［回答例］First of all, democracy was not very developed in Japan at that time. Under the guidance of the US, Japan has gradually become a much more democratic nation, which has also helped make its economy vibrant. Japanese people are hardworking by nature, and many have worked very hard in improving Japan's living standards and making it an economic superpower. Now, Japan faces the serious problem of a low birthrate, but I am confident the Japanese people will find ways to meet that challenge too.

improve ～を向上させる、良くする／ first of all まず第一に／ under the guidance of ～の指導の下に／ vibrant 活気のある、活発な／ by nature 生来、もともと／ living standard 生活水準／ economic superpower 経済大国／ face ～に直面する／ birthrate 出生率／ be confident (that) ～であると確信している／ meet a challenge 難問にうまく対応する

［訳］第二次大戦後、日本はどんな努力をして良くなったと思いますか。

まず第一に、当時の日本では民主主義はそれほど発展していませんでした。米国の指導の下、日本は徐々により民主主義的な国家となりましたし、それは経済的活況にもつながりました。日本人はもともと勤勉ですし、日本の生活水準を上げ、日本を経済大国にするにあたって、多くの人が一生懸命働きました。今の日本は出生率の低下という重大な問題に直面していますが、日本人はその難問にもうまく対応する糸口を見つけるに違いないと私は確信しています。

Part 3

Unit 01

● Comprehension Check ③

● Speaking & Writing

Why do you think Malala is so bold in speaking out, even at the risk of being killed?

［回答例］I think she really wants her native country, and now the whole world, to realize the importance of education, especially education for girls. It seems that her own experience of being prevented from getting an education has made her will to fight for this cause greater than her fear of attack and even death. In Pakistan, she was banned from attending school by the Taliban in 2008, and in 2009 she was shot because she wrote about the circumstances of that discrimination on the BBC website. Even since the shooting incident, she hasn't been afraid to be attacked and has continued to insist that all children have equal opportunity to learn.

bold 勇敢な、大胆な／ realize ～に気づく、～を理解する／ prevent A from doing Aが～するのを妨げる／ will 意志／ cause 大義／ ban A from doing Aが～することを禁じる／ attend school 学校に通う／ discrimination 差別／ shooting incident 銃撃事件／ insist that ～であると強く主張する／ equal opportunity 機会均等

［訳］**マララさんが殺される危険を冒してまで大胆に声を上げるのはなぜだと思いますか。**

彼女は自分の母国が、そして今や全世界が、教育の重要性に、とりわけ女子教育の重要性に気づくことを強く願っているのだと思います。教育を受けさせてもらえなかったという自分自身の経験から、この大義のために闘うという彼女の意志は、襲撃への恐怖、死への恐怖にすら勝るようになったのだと思われます。パキスタンでは、彼女は2008年にタリバンから学校に行くことを禁じられていましたし、2009年には銃撃されました。BBC（英国放送協会）のサイトにそうした差別的状況について書いたからです。しかし銃撃事件の後も、彼女は攻撃を恐れることなく主張し続けてきました、すべての子どもに等しく教育の機会が与えられるべきだと。

Unit 02

● **Comprehension Check** ④

● **Speaking & Writing**

What is the main problem you face now, and how are you trying to cope with it?

［回答例］My main problem at the moment is my tendency to procrastinate. Whenever I have something I should do, I want to do something else, which means I cannot concentrate on the task in front of me. That is, I usually adopt an attitude of permissiveness to myself. But such an attitude makes it difficult to achieve any dream or objective, so I now make it a habit to control myself by using a notebook. I write down the deadlines of my tasks in it and check it every morning. When I keep a promise with myself, I put a circle on that date, and when I don't, I put an X. Without this notebook system, I would not make progress in anything.

cope with ～に対処する／ tendency to do ～する傾向、癖／ procrastinate やるべきことを先延ばしにする／ concentrate on ～に集中する／ that is すなわち、言い換えると／ adopt an attitude of ～な態度を取る／ permissiveness 寛大さ、自由放任／ make it a habit to do ～することを習慣にしている／ keep a promise with ～との約束を守る／ put a circle on ～にマルを付ける、○を書く／ X xの記号、バツ印

［訳］**今あなたが直面している一番大きな問題は何ですか。そして、それにどう対処しようとしていますか。**

私にとって今一番大きな問題は、先延ばしにする癖です。何かやるべきことがあるといつも他のことをしたくなる、つまり目の前のことに集中できないことです。要するに、私はだいたい自分に対して甘いんです。でも、そういう態度だと夢や目的を実現することが難しくなるので、今は手帳を使って自己管理することを習慣化しています。課題の締め切りを手帳に書いておき、毎朝チェックするんです。自分との約束が守れたときはその日にちにマルを付け、守れなかったときはバツを付けます。この手帳を使った方法なしでは、何も進まないんです。

Unit 03

● **Comprehension Check** ①

● **Speaking & Writing**

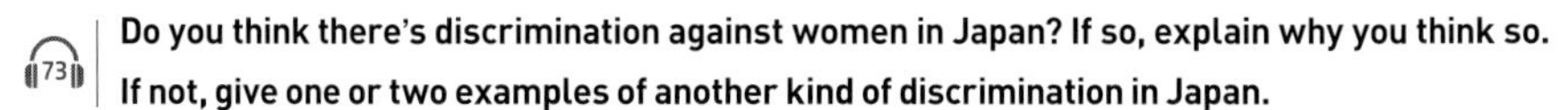
Do you think there's discrimination against women in Japan? If so, explain why you think so. If not, give one or two examples of another kind of discrimination in Japan.

［回答例］I think you can find a lot of discriminative situations against women in Japanese society. In corporations, the number of female executives is increasing year by year, but it's still very low. The same true in politics. Even though the prime minister always says we have to create a society where women can be active, the number of female Diet members is a lot smaller than in other developed countries. The male majority makes laws, which means discrimination against women in general often gets overlooked. We need to create an atmosphere where it's easy for women to run for the Diet.

discriminative 差別的な／ executive 管理職／ increase 増える、増加する／ Diet member 国会議員／ in general 一般的に、概して／ get overlooked 見過ごされる、見逃される／ run for ～に立候補する

［訳］**日本に女性差別はあると思いますか。あると思うのなら、理由を説明してください。ないと思うのなら、日本にある別の種類の差別の例を1つか2つ挙げてください。**

日本社会では女性差別的な状況がたくさん見られると思います。企業における女性管理職の数は年々増えてはいるものの、まだかなり少なく、政界でも同じ状況です。女性が活躍できる社会を築かないといけないと首相がいつも言っているにもかかわらず、女性国会議員の数は他の先進国と比べるとはるかに少ないのです。多数を占める男性議員たちが法律をつくるということは、女性差別が概して見逃されがちだということです。日本には、女性が国会議員に立候補しやすい雰囲気をつくる必要がありますね。

Unit 04

●Comprehension Check ②

●Speaking & Writing

What do you think is the purpose of education?

［回答例］I think the main purpose of education is to enhance people's abilities and thereby improve society as a whole. And, needless to say, it is also aimed at making all people happier. One important ability developed through education is critical thinking. Well-educated people tend to be able to think deeply and analytically about a variety of things, such as politics, economics, religion, gender issues and race issues. High-quality education enables us to settle a lot of problems in the world. If there were no education in this world, almost all the problems would be left unsettled. For that reason, we have to come together to engage in significant efforts toward expanding and enhancing education, especially in developing countries.

enhance ～を高める、強める／ thereby それによって／ critical thinking 批判的思考／ analytically 分析的に／ religion 宗教／ settle ～を解決する／ unsettled 未解決の、決着のついていない／ come together to do 協力して～する、一緒に～する／ engage in ～に従事する、携わる／ significant 重要な、意義深い

［訳］**教育の目的は何だと思いますか。**

教育の主な目的は能力を伸ばし、それによって社会全体を良くすることだと思います。そして、言うまでもなく、それはすべての人をより幸せにすることを目指してもいます。教育を通じて養われる重要な力のひとつは、批判的思考です。良い教育を受けた人は、政治や経済や宗教やジェンダーの問題や人種の問題など、いろいろな事柄について深く分析的に考えられる傾向があります。質の高い教育は、世界の多くの問題を解決することを可能にしてくれます。もしもこの世界に教育がなかったら、ほとんどすべての問題が解決されないままになってしまうでしょう。だからこそ、特に発展途上国に教育を広め、その質を高めるという意義ある取り組みをみんなでするべきなのです。

Unit 05

● Comprehension Check ①

● Speaking & Writing

What do you think about this speech made by Malala as a 16-year-old?

[回答例] I'm surprised that a 16-year-old could make such a moving speech at UN Headquarters so calmly. We cannot help admiring her regal bearing and strong beliefs. In Japan, more than 98 percent of children go to high school to be given the opportunity to learn, but some never strive to improve themselves. I want Japanese high school students to listen to her speech and think over the value and significance of being educated.

moving 心を動かす、感動的な／ calmly 落ち着いて／ UN Headquarters 国連本部／ cannot help doing ～しないではいられない／ admire ～に感心する／ regal bearing 堂々とした態度、威厳のある姿勢／ significance 重要性、意義

[訳] **まだ16歳だったマララさんが行ったこのスピーチをどう思いますか。**

16歳でこんなにも感動的なスピーチを国連本部であんなに落ち着いてできるなんて驚きです。彼女の毅然とした姿と強い信念に感心せずにはいられません。日本では、子どもたちの98%以上が高校に行き教育を受ける機会を与えられていますが、中には自らを向上させる努力をしない者もいます。日本の高校生たちには、彼女のスピーチを聞いて、教育を受けることの価値や意義をじっくり考えてほしいですね。

Part 4

Unit 01

● Comprehension Check ④

● Speaking & Writing

Tell us about your mother, father and/or one of your grandparents.

[回答例] My father was a businessperson who ran a small company. It had five employees, including my mother. When my father was 57, it went bankrupt, and he had a large debt. At that time, I hoped he would rebuild his business, and he seemed to try his best, but he finally fell into poor health, with the result that his dream of reconstruction faded away. My grandfather on my father's side was a forestry worker. He lived peacefully deep in the mountains with his wife and lived to be 104. Both my father and my grandfather seem to have embraced life with gusto all the way through.

businessperson 実業家／ go bankrupt 破産する、倒産する／ debt 借金／ rebuild ～を再建する／ fade away 徐々に消え去る、なくなる／ forestry worker 森林労働者／ embrace life 一生懸命に生きる／ with gusto 活気よく、生き生きと

[訳] **あなたのお母さまやお父さま、おばあさま、おじいさまについて教えてください。**

父は実業家で、小さな会社を経営していました。そこには母も含めて5人の従業員がいました。父が57歳のとき、会社が倒産して、大きな借金を抱えてしまいました。当時、私は父に会社を立て直してほしいと思ったし、父は最善を尽くしたようだったのですが、最終的には体調を崩し、再建の夢は徐々に消えていく結果になりました。父方の祖父は森林労働者でした。山奥で祖母とともにのどかに暮らし、104歳まで生きました。父も祖父もそれぞれの人生を生き切ったように思えます。

Unit 02

●Comprehension Check ②

●Speaking & Writing

What kind of person do you think makes a strong leader?

[回答例] A good leader is someone who can make the people being led feel happy and comfortable. And when the people are in great trouble, a strong leader is someone who can decide on some way the group can escape from it, even if that means that some people in the group will be disadvantaged. A wise leader always considers the whole group, not each member. Sadly, when a big earthquake hit Japan in 2011 and the coronavirus spread all over the country in 2020, Japan had no powerful leader, so many citizens fell into difficulties for a long time.

comfortable 心地良い、穏やかな／ decide on ～を決める／ escape from ～から逃れる、抜け出す／ disadvantage ～を不利にする／ sadly 悲しいことに／ earthquake 地震

[訳] **どういう人が強い指導者になると思いますか。**

良き指導者というのは、ついてくる人々を幸せで心地良い気分にさせられる人です。また、その人たちに大きな問題が生じたとき、強い指導者とはそのグループの一部の人が不利になろうとも、その問題から逃れられる方法を決められる人のことです。賢明な指導者は常に、グループの個々人ではなく、グループ全体のことを考えるものです。残念ながら、2011年に日本を大地震が襲ったときも、2020年にコロナウイルスが日本中に広がったときも、日本には強い指導者がいなかったので、多くの市民が長期間にわたって困難に陥りました。

Unit 03

●Comprehension Check ②

●Speaking & Writing

What do you think is the current state of your home country?

[回答例] I don't think the current state of Japan is so good. The birthrate is getting lower and lower, which means the population is getting smaller, but the government hasn't take any effective measures to deal with that problem. Now, about 125 million people live in this country, but in about 30 years, that figure is expected to fall to 95 million. If that happens, Japan will be unable to maintain the current state not only in social services but also in its economy. This is the most serious issue facing this country, especially for young people.

current state 今の状態、現状／ population 人口／ take measures 手段を講じる、手を打つ／ deal with ～に対処する／ figure 数字／ be expected to do ～すると予想される／ maintain ～を維持する、継続する

[訳] **母国の現状をどう思いますか。**

日本の現状はあまりよくないと思います。出生率がどんどん下がっている、つまり人口が減少中なのですが、政府は問題解決の有効な手を何も打たずにいます。現在は約1億2500万人がこの国に住んでいますが、30年ほどのうちに9500万人にまで減ると予想されています。そうなると、日本は社会事業面だけでなく経済面でも現在の状況を維持できなくなるでしょう。これは、この国にとって、とりわけ若者にとって、最も深刻な問題です。

Unit 04

● Comprehension Check ①

● Speaking & Writing

If you were prime minister of this country, what action would you take to make people happier?

[回答例] If I were prime minister of Japan, I would put emphasis on child-raising and education. That's because the low birthrate is the most serious problem facing this country. First, I would give 10 million yen to each family for each baby it has, to help make every such home a financially secure place to raise a family. Second, I would give every child a PC or tablet that has all the necessary textbooks they will use at school. Even children from poor families have the right to learn in order to become educated citizens.

take action to do ～するための対策を講じる／ put emphasis on ～に重点を置く、～を重視する／ child-raising 子育て、育児／ secure 安全な、安心できる／ raise a family 子育てする／ in order to do ～するために

[訳] **もしあなたがこの国の首相だったら、国民をより幸せにするためにどんな政策を行いますか。**

もし私が日本の首相だったら、育児と教育に重点を置きます。なぜなら、出生率の低下がこの国が直面している最も重要な問題だからです。まず、子どもを設けた家庭には子1人につき1000万円を支給し、そういう家庭すべてを経済的に安心して子育てできる場所にします。次に、学校で使う必要な教科書が全部入ったパソコンやタブレットをすべての子どもに支給します。貧しい家庭の子どもたちだって、教養ある市民になるために学ぶ権利があるのです。

Unit 05

● Comprehension Check ①

● Speaking & Writing

What do you think is the function of the mass media?

[回答例] The main function of the mass media is to watch the people in authority, which means they should monitor the ruling party instead of supporting it. For the general public, the only opportunity to have a say is an election. And although politicians should work hard so that the general public can live more happily and easily, they actually tend to work hard in favor of themselves. When that happens, the mass media should point out the scandals or blunders of the government on our behalf.

function 機能、役割／ monitor ～を監視する／ ruling party 与党／ the general public 一般大衆／ have a say 声を上げる、はっきり意見を言う／ politician 政治家／ in favor of ～の利益となるように／ blunder 大失敗、失態／ on someone's behalf ～の代わりに、ために

[訳] **マスメディアの役割は何だと思いますか。**

マスメディアの主な役割は権力者を見守ることです。すなわちマスメディアは、与党を支持するのではなく監視すべきなのです。一般大衆にとっては、声を上げる唯一の機会が選挙です。そして、政治家は国民がより幸せで暮らしやすい生活ができるように励むべきなのに、実際は自分の利益のために励みがちです。そういうときにマスメディアが、われわれ国民のために政府の醜聞や失態を指摘すべきなのです。

Unit 06

● Comprehension Check ②

● Speaking & Writing

What factor do you think is the most important in trying to realize your dreams?

[回答例] I think the most important factor I need to realize my dreams is the determination to never give up whatever happens. Without such determination, I would begin to think that my goal is too difficult to reach whenever I encountered some challenges. And the next key factor is to make a plan of when and how I should start working toward the dream. The mere words "If you don't give up, your dreams will come true" are not so helpful. What matters is to carefully work out a schedule and start taking concrete steps.

determination 決意、決心／ encounter a challenge 困難にぶつかる、試練に直面する／ mere 単なる／ come true 本当になる、実現する／ matter 重要である、大切である／ work out ～を考え出す、案出する／ start taking a concrete step 具体的な一歩を踏み出す

[訳] **夢を実現しようと努力するとき、どういう要素が最も重要だと思いますか。**

私が夢を実現するために必要な要素で最も重要なのは、何が起ころうとも決してあきらめないという決意だと思います。そういう決意がないと、いくつかの困難にぶつかるたびに、自分の目標は成し遂げるには難しすぎるんじゃないかと思い始めてしまうでしょう。それから次に重要な点は、いつ、どうやって夢に向かってスタートを切るべきかについて、計画を立てることです。「あきらめなければ夢はかなう」という言葉だけではあまり役に立ちません。大切なことは、予定をしっかり立ててから具体的な一歩を踏み出すことなのです。

音声データ・電子書籍版の入手方法

本書の音声データ(MP3)と電子書籍版(PDF)を入手するには、下記URLまたはQRコードから無料ダウンロードの申請を行ってください。

[申請サイトURL]
(ブラウザの検索窓ではなく、URL入力窓に入力してください)

【注意】
本書初版第1刷の刊行日(2020年10月10日)より3年を経過した後は、告知なしに上記の申請サイトを削除したりデータの配布をとりやめたりする場合があります。あらかじめご了承ください。

著者紹介

木村達哉 Tatsuya KIMURA

1964年、奈良県生まれ。関西学院大学文学部英文学科卒業。
奈良県の私立高校教諭を経て、1998年より灘中学校・高等学校英語科教諭。

[音声&電子書籍版ダウンロード付き]

キムタツ式「名スピーチ」リスニング

2020年10月10日　初版第1刷発行

著者	木村達哉
発行者	原 雅久
発行所	株式会社 朝日出版社 〒101-0065 東京都千代田区西神田3-3-5 TEL：03-3263-3321　FAX：03-5226-9599 https://www.asahipress.com https://webzine.asahipress.com https://twitter.com/asahipress_com https://www.facebook.com/CNNEnglishExpress
印刷・製本	凸版印刷株式会社
DTP	有限会社 ファースト
音声編集	ELEC(一般財団法人 英語教育協議会)
装丁・イラスト	岡本健+(岡本健、仙次織絵)

©Asahi Press, 2020 All rights reserved. Printed in Japan ISBN978-4-255-01205-6 C0082
CNN name,logo and associated elements TM and © 2020 Cable News Network. A WarnerMedia Company. All rights reserved.